隧道美学

公路隧道景观
评价与设计

叶 飞 苏恩杰 刘 佳 著

TUNNEL
AESTHETICS

LANDSCAPE EVALUATION AND DESIGN
OF HIGHWAY TUNNELS

人民交通出版社

北 京

内 容 提 要

本书基于景观在公路隧道工程领域的研究和应用现状，针对隧道景观设计效果把控困难以及在行车安全方面作用不明确等问题，开展了视觉审美和驾驶安全方面的研究，利用层次分析法、模糊数学理论等构建了公路隧道洞口景观综合评价体系，借助驾驶模拟技术和心理生理状态评价指标研究了洞内景观设计方法。本书共分为7章，主要内容包括绪论、景观认知特性与评价理论、洞口景观综合评价体系、洞口景观综合评价实例、洞口景观设计建议、洞内景观作用和设计方法、洞内景观设计等。

本书可供从事公路隧道科研、设计等工作的专业技术人员使用，也可作为高等院校相关专业师生的参考用书。

图书在版编目（CIP）数据

隧道美学：公路隧道景观评价与设计 / 叶飞，苏恩杰，刘佳著 . —北京：人民交通出版社股份有限公司，2025.1. —ISBN 978-7-114-19685-0

Ⅰ. U418.9

中国国家版本馆 CIP 数据核字第 20243DG380 号

		Suidao Meixue —— Gonglu Suidao Jingguan Pingjia yu Sheji
书 名：	隧道美学——公路隧道景观评价与设计	
著 作 者：	叶 飞 苏恩杰 刘 佳	
责 任 编 辑：	李 梦	
责 任 校 对：	卢 弦	
责 任 印 制：	张 凯	
出 版 发 行：	人民交通出版社	
地 址：	（100011）北京市朝阳区安定门外外馆斜街3号	
网 址：	http://www.ccpcl.com.cn	
销 售 电 话：	（010）85285857	
总 经 销：	人民交通出版社发行部	
经 销：	各地新华书店	
印 刷：	北京建宏印刷有限公司	
开 本：	720×960 1/16	
印 张：	15.25	
字 数：	241千	
版 次：	2025 年 1 月 第 1 版	
印 次：	2025 年 8 月 第 2 次印刷	
书 号：	ISBN 978-7-114-19685-0	
定 价：	98.00元	

（有印刷、装订质量问题的图书，由本社负责调换）

序

近年来，我国已建、在建和拟建的隧道工程数量之多、规模之大，为世界瞩目。一大批特长公路隧道工程，如乌尉高速公路天山胜利隧道、川藏高速公路二郎山隧道、宝平高速公路天台山隧道、港珠澳大桥沉管隧道等，对已有的隧道设计理念和知识不断提出新的问题和挑战，广大的研究者和工程技术人员不断对复杂工程问题出现的原因、过程和解决对策进行探索，促进了隧道工程技术的创新和韧性发展，提升了隧道服务品质。此外，数字化技术的不断发展和创新使得隧道工程设计、施工和运营维护的模拟、分析以及研究更加精细和高效，可为决策行为提供全方位的数据信息支持。

在很长时间里，人们对隧道美学的认知仅存在于概念层面，隧道景观更多的是作为设计理念出现在工程设计阶段，普遍存在隧道景观定义模糊、设计理念与工程实际脱离的问题。随着我国公路隧道建设的高质量发展，在不断提升隧道结构稳定性和交通运营安全性的同时，我国公路隧道工程被赋予了人文属性（即以人为本、美学价值、文化内涵以及社会贡献等），越来越多的公路隧道开始借助景观设计，力求营造舒适、美观，并与公路沿线自然风景、历史人文等深度融合的隧道交通环境。

隧道美学研究是审美活动，是以公路隧道景观环境为对象的体验活动，也是一种精神文化活动，其应用范围涉及隧道洞口景观和洞内景观共同营造的交通运营环境。本书打破传统领域界限，探索多学科交叉融合，是一部符合现代化高质量公路隧道建设发展需求、可供隧道建设相关专业科研人员和工程技术人员借鉴学习的著作。读者可通过借鉴和思考，超越对隧道工程建设的固有认知，将美学理念和景观效应融入公路隧道设计之中，以人体直观感受为根本，从意象层到意境层为隧道景观提出评价方法和设计建议，这将极大地改善单调、厚重、压抑的隧道行车环境，提升隧道运营品质。

　　叶飞教授对隧道美学的感悟，来源于丰富的工程实践、慎思明辨的哲学态度和对中国传统文化的深切热爱。作者将美学思想应用到隧道工程建设之中，依据景观相关概念和理论，借助洞门形式、色彩、图案、绿化、照明等构景元素的具体表现形式，以及历史文化、民族特色、风土人情等丰富内涵，使隧道景观设计既发挥交通运输功能，又成为传播文化的载体。该书应用模糊数学理论和层次分析法构建了隧道洞口景观综合评价体系，采用驾驶模拟技术和心理生理指标研究了洞内景观设计方法。该书通过科学合理的隧道景观设计提升了驾驶安全感和舒适性，从而降低隧道交通安全事故风险，发挥了隧道美学的现实意义，为提高我国隧道工程的建设水平、创新隧道设计理念发挥了积极作用。

朱合华

同济大学特聘教授
中国工程院院士
同济大学土木工程防灾减灾全国重点实验室主任

前言

隧道美学是随着我国公路交通高质量发展的迫切要求和隧道工程大规模建设的发展趋势而兴起的涉及多学科交叉融合的新研究领域，其研究宗旨是提升道路运输服务品质，推动绿色发展、资源节约的生态文明建设，满足人民对美好生活的追求。

美学不仅是借助物体结构、轮廓、色彩、绿化等元素搭建的形式之美，更是以形式之美作为载体，内生出与精神、灵魂产生感应的意境之美。我国先秦诸子百家中，庄子认为质朴混沌的自然本身具有至高无上的美，他在《庄子·知北游》中说："天地有大美而不言，四时有明法而不议，万物有成理而不说"，阐述了美是主体本身存在、发展、变化而显现的"自然之美"，反映了审美过程对"道法自然"的体验和关照，构成了"天人合一"的审美意象。子思在《中庸》中说："唯天下至诚，为能尽其性；能尽其性，则能尽人之性；能尽人之性，则能尽物之性；能尽物之性，则可以赞天地之化育；可以赞天地之化育，则可以与天地参矣"，强调了"至诚"是一切生命演化发展的源动力，使每一种生命的"潜能"极尽地发挥，达到"与天地参"的审美快乐。由此可见，我国古典美学是建立在"心性"的基础上，是一种超道德的审美境界。

此外，中华美学重视人与物之间感性的交流过程，辛弃疾词云："我见青山多妩媚，料青山见我应如是"，这里的妩媚是人与青山交感的产物。主体根据自己的喜好和心理能力，与物象交感，创造审美意象，这与德国思想家马克思提出的"审美趣味与审美主体之间的密切相关性"是一致的。马克思把审美趣味深深植根于丰富具体的审美实践中，既承认了美的客观存在，同时肯定了审美主体的能动性。关于现代美学，马克思提出在物质生产劳动过程中揭示美的奥秘，即人类改造自然实现生存目标的社会实践是认识美、创造美和发展美的根源，赋予了美学的现实意义。

随着经济、社会的发展，以及人们对高质量、美好生活的追求，隧道工程的建设要求已经不仅仅停留在其运输功能上，也对其生态环保、节能降碳、美观舒适等方面提出了更多期许，隧道工程的美学问题成为公路建设高质量发展的重要研究课题。越来越多的隧道工程对洞口进行景观设计，通过洞门造型、色彩、绿化、建筑小品等装饰，将隧道洞门结构与周围自然环境、地域文化、风土人情有机结合在一起，营造出自然和谐的洞口环境；洞内通过采用灯光与图案的联合设计，营造出安全舒适的洞内行车环境。借助文化元素表达的景观设计赋予了隧道结构思想与内涵，提高了公路隧道景观的文化品位，激发了人们的想象，创造出一种宁静安详的氛围，有利于公路行车安全，极大地提升了隧道工程的美学价值。

作者在 2018 年出版的国内第一部隧道美学书籍《公路隧道洞口美学及典型景观设计案例分析》中，对隧道洞口景观的典型案例进行了大量统计和分析，梳理出洞口景观元素的构成和表达形式，并且整理出一套洞口景观的设计原则与方法。然而，目前我国公路隧道依然存在洞口位置不突出、洞门颜色亮度高而增大洞口明暗适应难度、夸张的装饰元素易分散驾驶员的注意力、洞口景观缺乏次序感、构景元素协调性和统一性不足、隧道洞内景观过度装饰等问题。因此，本书从景观认知机理和审美特性出发，考虑审美主体（司乘人员）的动态和静态视觉特点，通过调查问卷获取主观偏好，借助驾驶模拟仿真平台获取被试者的心理和生理数据，利用模糊数学综合评判法构建公路隧道洞口景观评价基本框架，运用驾驶模拟试验提出考虑行车安全性与舒适性的洞内景观设计方法，以期为公路隧道高质量发展提供量化评价准则和科学设计依据。

本书内容共分为 7 章，其中第 1 章和第 2 章介绍了公路景观相关概念、理论以及景观认知特性；第3章、第4章、第5章对公路隧道洞口景观设计提出了评价方法和设计建议；第6章和第7章研究了公路隧道洞内景观设计对交通运营环境的作用，利用人体感知对洞内行车环境视觉质量进行评价，进而得出洞内景观设计的新方法。参与本书编写的人员主要有：叶飞、苏恩杰、刘佳、韩兴博、温小宝、朱文豪、张兴冰、张海宝、韩鑫、魏艳春、徐长鑫、应凯臣、杨磊、张才飞、焦治玮、马明等。在此向所有编写人员和为本书编写提供支持和帮助的单位和个人表示衷心感谢！

由于作者理论水平和实践经验有限，书中疏漏和不足之处在所难免，望读者批评指正，并将意见或建议发至邮箱：xianyefei@126.com，以便我们再版时改进。

叶 飞
2024年1月

目录

CONTENTS

绪 论

Tunnel Aesthetics
Landscape Evaluation and Design of Highway Tunnels

隧道美学

公路隧道景观评价与设计

1.1　景观的概念

人们在不断认识自然和改变生存环境的同时，对"景观"的理解与认识也在不断发生改变。最初"景观"一词主要是视觉表象的含义，等同于风景、景色，后来逐渐引入地理学、生态学等领域，使景观的含义逐渐变得科学、系统，景观内涵也在不断延伸、扩展。

（1）视觉意义上的景观。

景观设计不断改善人们的生存环境，其中很重要的方式是对视觉空间的操作。视觉是人类获取外界信息最重要的方式，景观视觉质量对于人的空间体验至关重要，景观的概念在最初也作为视觉审美的对象而提出。景观在《辞海》中的定义为"具有审美特征的自然和人工地表景色"，意同于风景、景色，是一种视觉意义上的概念。

（2）地理学意义上的景观。

伴随着旅游和探险活动的兴起，人们对景观的认识也在逐步加深，不再仅仅拘泥于山水、地形地貌等呈现的景色，而是科学地了解、分析其在空间、时间上的演化，此时的景观主要指视觉空间范围内的所有实体。

19 世纪初期，伟大的地理学家洪堡德将景观定义为"某个区域的总体特征"，这是景观第一次作为科学术语出现在地理学领域，极大地促进了景观地理学的发展。随着地理学、地质学等学科的发展，景观被赋予更广泛的内容，曾一度被认为与"地形、地貌"同义，随后俄国地理学家将空间范围内所有表象事物都归纳于景观的组成部分，形成了比较系统、完整的地理学景观概念。

（3）生态学意义上的景观。

1939 年，德国地理学家 Troll 把"景观"定义为人们生存环境中空间、视觉上所能接触到的一切实体，这是景观第一次被赋予生态学意义。德国学者 Buchwal D 在 Troll 的基础上，进一步延伸了景观生态学的意义，把景观定义为"某一空间的综合特征"，主要包括：自然特征、功能特征、景观特征、景观元素之间的相互作用等。

20 世纪 70 年代后，随着人口增加和大量工程建筑物的出现，人们赖以生存的环境出现了严重问题，人们逐渐意识到将自然景观改造成人工或半人工景观是一种错误做法，自此，生态学意义上的景观得到了足够的重视与发展。

（4）现代景观。

21 世纪的"景观"是指一定区域内土地及土地空间上所有物体所构成的综合体。现代景观具有丰富的内涵，可以理解为视觉的审美对象，人们赖以生存的环境，一个具有结构、功能内外联系的生态系统，以及记载历史、传递文化、承载希望的符号等。

综合以上对景观概念的理解，可将景观的内涵概括为三方面元素，即景观环境形象、环境生态绿化、大众行为心理。

（1）第一元素——景观环境形象。

景观环境形象与美学相关，主要从人类视觉形象感受要求出发，根据美学规律，利用空间实体景物，创造出赏心悦目的景观形象。

公路景观的美化应从公路与沿线景观的协调、公路绿化视觉效果、沿线附属工程的视觉效果三个方面来考虑，包括公路景观是否令人赏心悦目，是否与周围环境相融合。因此，公路景观不仅要考虑内部景观的美化，更要关注道路的形态与颜色、绿化植物的选取和造型、公路构筑物的形态与色彩、交通建筑与地域建筑风格的协调性、场所的可识别性与可记忆性等。公路绿化是构成公路景观的重要内容，它为原本生硬的公路添加了软质的景观，并对道路周边的景观资源进行整合。沿线工程如路基、桥梁、天桥、立交桥等构筑物对原有地面造成不同程度的破坏，但它们也可以通过美学设计，成为路域景观中的一部分。因此，边坡坡面、挡墙、桥梁、立交桥、排水系统、路缘石、护栏等结构设计应与环境艺术相结合，提升结构物的整体视觉审美形象，给人以安全和舒适的体验。

（2）第二元素——环境生态绿化。

环境生态绿化主要从人类的生理感受要求出发，根据自然界生物学原理，利用阳光、气候、动植物、土壤、水体等自然元素以及人工材料，创造出令人舒适的物理环境。

公路景观应将道路本身及周边区域内自然的、生态的、文化的、社会的综合体作为特定结构功能和动态特征的宏观系统来研究。公路建设在极大地推动国民经济发展的同时，也带来了严峻的环境问题。如公路上机动车产生的废气、噪声、光污染等，影响了周边环境，需要采取相应的措施予以防治、缓解。公路作为公路景观空间的线形走廊，联系并划分了区域空间，其走向和布局将直接影响区域生态环境。因此，公路路线走向和布局要尽可能减少对自然生态的破坏，以保护自然和生态为基本原则，避开受保护的自然区域。

（3）第三元素——大众行为心理。

大众行为心理与功能有关，主要从人类的心理精神需求出发，根据人类在环境中的行为心理乃至精神活动规律，利用心理、文化的引导，创造出使人赏心悦目的精神环境。

公路的基本功能包含三个方面，即公路对区域人流及物流的改善功能、公路景观绿化的安全功能、沿线交通工程设施及服务区的服务功能。对区域人流、物流的改善包括公路平纵横断面的优化设计、线形的连续性和方向性、车道的合理划分、各种干扰因素的减少、交通工程设施系统的应用、道路特性与人的视觉特性的协调性等，这些对提高公路上行驶的人流和物流的效率作用明显；公路景观绿化的安全功能指栽种绿植可起到引导视线、改善景观、防眩目、封闭、标志、明暗过渡、降噪、防沙等作用；沿线交通工程设施为驾驶员和乘客提供准确、及时的交通诱导和指示，是减少交通事故发生及降低事故严重程度的有效措施之一。沿线静态的交通安全设施、服务设施，以及动态的交通信息及控制设施对提高公路服务水平发挥着积极作用。

公路景观所起到的作用与上述三元素的功能相辅相成、密不可分。以视觉感知为主要通道，使人感受周围环境，从而引起行为和心理上的反应，公路景观通过研究以上三大元素之间的作用关系，从而辨明景观设计原则和评价标准。首先，公路景观应当是安全、宜人的。其次，若一味建造人工建筑，而忽略了生态保护及与周边环境的融合，其景观也是缺乏整体性而孤立存在的，不仅未处理好整体视觉关系，带来的生态环境破坏更不利于景观本身的可持续性发展。而合理地利用美学原理，注重交通安全、生态保护，兼具整体性和系统性的景观设计必然是和谐的、优美的、有生命力的、可持续的。

1.2　公路隧道洞口景观

1.2.1　公路隧道洞口景观的定义

公路隧道洞口景观不仅指表面意义上的视觉美感，还应包括结构的功能特性、环境的自然特征等。因此，公路隧道洞口景观应是"洞口附近所有自然景观与功能结构设施的综合体，是三维空间加上时间维度的四维综合环境"。公路隧道洞口景观是以其所在区域自然景观为背景，集功能性、环保性、社会性和可观赏性于一体的集合。

在隧道建设的发展历程中，洞口景观设计经历了两种变化：先是早期的忽略，再到现在的重视。忽略景观的现象在山区公路隧道和二、三线城市公路隧道中十分常见，很多重要的城市隧道和风景区隧道因建造时设计人员的景观设计意识淡薄，不能够凸显其景观效果。总体而言，受历史经验及已有设计的影响，设计人员基本上都是在保证施工安全和结构功能的前提下，以方便快速完工为指导思想进行结构及洞口工程的设计，往往忽略了洞口的美观性和舒适性，设计的隧道洞口千篇一律，而且常常呈现出厚重、单调、枯燥之感。而随着经济技术的快速发展，隧道景观问题已引起隧道建设人员的注意，尤其是在城市、风景区和控制性的长大隧道中，在隧道建设方案招投标时，对构筑物的美观有所重视，良好的工程视觉效果已成为方案中标的必要条件之一。科研及设计人员越来越重视工程建设的景观问题以及人性化设计，在考虑功能的前提下注重人类深层的审美需求，出现了形式多样、造型多变、极具文化特色的隧道洞口景观。

总而言之，国内隧道洞口景观环境的现状可概括为：机械式设计无处不在，艺术形式百花齐放。目前隧道洞口的景观设计主要停留在洞门装饰和其他点缀物这一表层上，不能真正称作艺术，只能暂且称为"点缀式设计"，公路隧道洞口景观环境依然存在洞口位置不突出、洞门颜色亮度高而增加洞内明暗适应过程、夸张的装饰元素易分散驾驶员注意力、洞口景观缺乏次序感、构景元素协调性和统一性不足等问题，对洞门结构形式的创新、洞门装饰手法的发掘、天然材料及色彩等的灵活运用方面仍有待提升。因此，势必需要科学合理的公路隧道洞口景观设计与评价方法，避免出现因洞口景观设计不合理而妨碍运营安全的情况。

1.2.2 公路隧道洞口景观构景元素

公路隧道洞口景观的主要构景元素包含：洞门外观、洞口绿化和诱导系统三个方面，如图 1-1 所示，这些构景元素是进行公路隧道洞口景观设计的着力点。

公路隧道洞口景观和我们通常见到的城市景观、人文景观及风景名胜区的自然（或人工）景观有着较大的不同，基于公路隧道自身的诸多因素及所处的环境因素，概括起来有以下特点。

（1）构景元素的复杂性、多样性。

公路隧道洞口景观的构景元素既包括隧道自身的因素（如洞门、边坡、仰坡），也包括自然要素，它们之间是一个相互作用的有机组成体，这也决定了公路隧道洞口景观构景元素的复杂性、多样性。

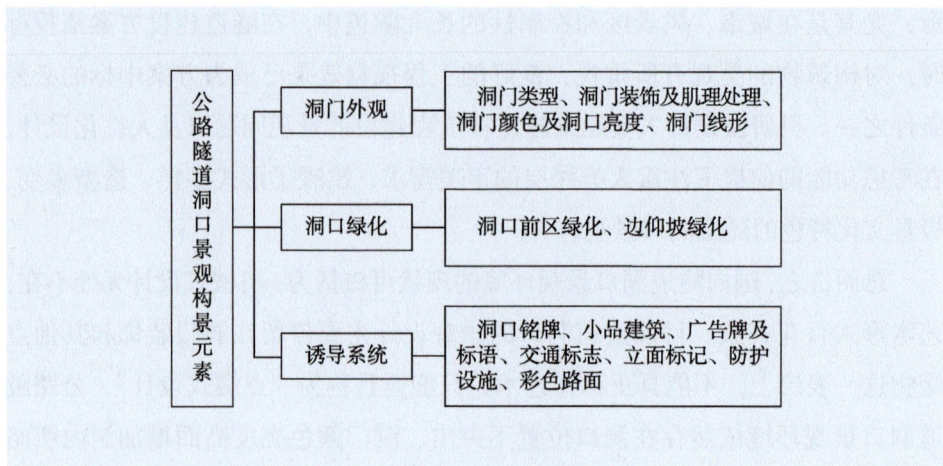

图1-1　公路隧道洞口景观构景元素

（2）时空的多维性。

任何处于空间的事物都具有空间性，公路隧道洞口景观同样如此。由于地形起伏变化，公路隧道洞口景观在高程、走向和线形上都存在变化，形成了一个起伏多变的带状空间，并且随时间变化呈现出一定的视觉差异。

（3）动态变化性。

公路隧道洞口景观的动态变化表现为两个层面：一是短时间内由于驾乘人员视线在时空上产生了距离变化，使得呈现在视线中的隧道洞口景观在时空上发生位移，使静态的景观呈现出动态的变化特征，是一种"景随车动"的动态景观；二是随着气候、季节的变化，隧道洞口周边景观（以植物景观为主）自身发生变化（图1-2），是动态景观的另一种表现。

（4）连续性。

每个隧道洞口景观都可看作序列中的一个单体要素，每个要素各不相同且充满变化，但是整体需协调统一，这也是审美需求和高速公路景观整体性的体现。

◀ a）春季洞口景观

◀ b）秋季洞口景观

图 1-2　秦岭终南山隧道洞口景观

1.2.3　公路隧道洞口景观构景效果

各构景元素经过细部处理和空间组合形成具有感知和意境的空间形态，达到消除疲劳、适应视觉、展示文化、发挥地标作用和保护环境的构景效果。

（1）消除疲劳。

隧道洞口景观是功能与情感、技术与艺术相结合后物化为人们生活方式的载体，个性化洞口景观设计可给人以美的享受，并让人心情得以放松，消除驾驶疲劳感。

隧道洞口景观宜采用艺术表现手法添加趣味性和活力感，避免使驾驶员经过千篇一律的洞口时产生疲惫感。例如，雁门关隧道洞门［图 1-3 a）］的色彩和造型设计呈现出气势磅礴的洞口景观，给驾驶员耳目一新的视觉冲击；板仑隧道洞门［图 1-3 b）］采用壁画和浮雕装饰，展现历史典故，引人入胜，给驾驶员带来轻松和愉悦感。

◀ a）雁门关隧道洞口

◀ b）板仑隧道洞口

图 1-3　隧道洞门艺术装饰

（2）适应视觉。

隧道出现的"黑洞效应"和"白洞效应"是引起驾驶员不良生理和心理反应的主要原因，极易引发交通事故。因此，通常借助洞门结构和绿化对洞口进行减光处理，降低洞口内外明暗差异，满足驾驶员视觉适应需求。遮光棚式洞门［图 1-4 a）］和棚洞式洞门［图 1-4 b）］利用建筑结构自身特点，合理设置减光隔栅，减缓人眼因光线剧烈变化引起的不适感和眩光问题。洞口绿化（图 1-5）借助植物本身的低反射率降低洞口亮度，形成洞口照度的"阶梯式"过渡和驾驶员明暗适应过程，营造更为舒适的驾驶环境，是一种既生态又经济有效的减光措施。

◀ a）狮子山隧道洞口

b）老虎山隧道洞口 ▶

图 1-4 利用洞门结构减光

◀ a）龙岗隧道洞口

b）雪峰山隧道洞口 ▶

图 1-5 利用洞口绿化减光

（3）展示文化。

隧道洞口是隧道工程的唯一外露部分，可作为展示和传承文化的载体，通过吸收、借鉴、继承传统文化、历史文化、民族文化、风土人情等元素，赋予隧道洞口景观文化思想与内涵。图 1-6 所示的西藏嘎拉山隧道在建筑设计上采用多层建筑结构，洞门色彩为符合青藏地区文化的白色、红色和黄色，整体风格古朴粗犷，依山而建，体现了当地特色。图 1-7a）所示的二郎山隧道，其厚重、严肃、雄壮的洞门形态和建筑风格彰显了川藏地区独特的民族文化。图 1-7b）所示的北京居庸关隧道，隧道洞门为方形敌楼形式，形态厚重、个性突出，体现了居庸关的气势，整齐、流畅的墙体线条与当地的长城景观融为一体，彰显燕赵文化。此外，厦门翔安隧道［图 1-7c）］、佛登隧道［图 1-7d）］等均赋予洞口景观文化内涵，体现人文与自然的有机融合。

图 1-6　嘎拉山隧道洞口

（4）发挥地标作用。

隧道若以附近风景名胜和特殊景观来命名，并采用具备景区特色的元素装饰和点缀洞口，这对景区是一种文旅宣传，让人们对即将进入的景区有了更多期待。野象谷隧道［图 1-8a）］位于云南西双版纳自然保护区，洞门的弧形设计犹如傣族公主帽，采用当地乔木＋灌木的绿植模式，与周围热带雨林

▲ a）二郎山隧道洞口

◀ b）居庸关隧道洞口

▲ c）翔安隧道洞口

◀ d）佛登隧道洞口

图 1-7　展示地域文化

◀ a）野象谷隧道洞口

◀ b）清水沟一号隧道洞口

图1-8 地标作用

背景相融，整个画面散发出西双版纳独特的傣族文化，为驾乘人员呈现了亮丽且极富韵味的地域风情。清水沟一号隧道洞门［图1-8b）］采用人工塑石砌筑，反映当地盛产石材的特点，仿石林地貌的喀斯特造型富有时代感和创造性，不仅给旅途增添了自然气息，还起到地标作用，提示旅途人员石林就在前方。

（5）保护环境。

隧道洞口景观设计将更多精力放在对植被的保护与恢复上，减少对自然生态环境的破坏，将"人为元素"融于自然环境中，形成对生态环境的有效保护，并取得持续型生态效应，这也符合公路隧道绿色发展理念（图1-9）。

◄ a）那圩隧道洞口

b）包家山隧道洞口 ▶

◄ c）青岛胶州湾隧道洞口

d）秦岭终南山隧道洞口 ▶

图 1-9　保护环境

1.3 公路隧道洞内景观

为推动我国交通运输行业高质量发展，公路隧道建设不仅要满足结构的使用功能，还要提升隧道交通运营品质，减少对生态环境的破坏和影响，降低能源消耗和碳排放。公路隧道洞内景观设计在实现隧道结构使用功能的基础之上，增添了洞内环境美感，改善了洞内行车环境，为驾驶员提供更好的行车体验。

1.3.1 隧道洞内景观构成

公路隧道洞内景观是一种因其特殊路段位置、构造及功能而有别于其他种类工程景观的道路景观。公路隧道洞内景观是由拱顶、侧墙、路面等空间结构和照明灯具、标志标线等道路设施构成的立体空间形态。区别于一般道路景观，公路隧道洞内景观是经过创作和加工而形成的视觉体验，不包含自然生态景观，仅有人工构筑物。

下面从以下几个方面对公路隧道洞内景观构成进行分析。

（1）隧道空间。

隧道空间是供车通行的立体结构形式，是隧道的主要组成部分，是由路面、侧墙、拱顶构成的立体构筑物。公路隧道洞内景观环境的协调性、安全性及舒适性主要体现在隧道空间自身的结构形式。隧道尺寸、轮廓、线形以及空间结构的组织和构筑物的设计并不能随心所欲，而是需要和实际现状进行联系，设计形式的限制因素有很多，主要由地质条件与运营要求共同决定。

（2）交通工程附属设施。

交通工程附属设施可有效保证隧道洞内道路交通安全、通行顺畅，为道路使用者提供快捷、舒适、经济的交通环境，包括照明、通风、标志标线等设施。

①照明设施：由光源和灯具构成。隧道作为一种封闭式结构，隧道照明设计有别于一般道路照明，照明效果直接影响驾驶员能否安全、舒适、快捷地通过隧道。此外，驾驶员在通过隧道不同路段时将遇到不同视觉问题。隧道内外存在极大亮度差，隧道入口存在"黑洞"效应，隧道出口存在"白洞"效应。隧道中部相对昏暗，废气集聚，易形成烟雾，影响物体可见度。以上视觉现象极易诱发交通事故。因此，照明设施合理布设对于提高隧道安全性及舒适性十分重要。国内外既有隧道照明设施基本采用高压钠灯与发光二极管（LED）灯，这是由于高压钠灯具有光效高、寿命长、透雾性强等特点，而LED 灯具有低辐射、低能耗、高光效等优势。

②通风设施：车辆排放的有害气体和烟雾如果长时间滞留在隧道内，会突破空气质量的安全阈值，危害驾驶员的身心健康；同时隧道内空气污染物的长时间堆积，会增加驾驶员辨识障碍物的难度，从而降低行车的安全性、舒适性。通风设施能够对隧道进行通风、除尘，以稀释有害气体及烟雾浓度，最终保持隧道良好的空气流通。通风设施一般由风机、排风管、压力设施组成；通风方式按通风形态可分为自然通风、横向通风、半横向通风、纵向通风和混合通风，其中横向通风效果最佳，但是建设和运营成本高昂。

③标志标线：由路面、路缘石、侧墙及拱顶悬挂的交通标志标线组成，是隧道道路景观中较为重要的组成部分。隧道标志标线对驾驶员起着道路线形引导及道路信息判断的作用，能够提升驾驶安全。然而，单一的隧道标志标线不能较好地改变隧道洞内的单调状况，难以保证驾驶员对车速的准确感知，从而增加了驾驶员危险操作的可能性。

1.3.2　隧道洞内景观的特点

公路隧道洞内景观具有类似公路、建筑等景观的特征，同时又存在本质的区别，主要特点如下。

（1）显著性：由于人的认知特性以及隧道在整体路域环境中的结构特殊性，

使得公路隧道洞内景观对驾驶员的吸引力更加显著。

（2）统一性：是指由于隧道结构、山体以及周围环境共同组成整体，从而形成一体化的景观特点。

（3）空间感：在行车过程中，随着视觉环境的变化，人们对隧道各区段空间形态的感受也发生变化。当驾驶员由单一、昏暗的洞内行车环境驶入有景观装饰的特殊区段，其视觉空间得以放大，使得驾乘人员的心情得到放松愉悦。

（4）意境感：隧道具有神秘感，同时还象征着时间与空间的通道。因此，隧道结构的造型往往会由其表象很快渗入审美主体（即驾乘人员或其他观察到隧道的人员）的想象、情感思维中，很容易激起心灵的反应，其具体结构也许很快成为人们对抽象新意向的"引路牌"。

（5）力度感：隧道犹如一条长龙，用躯体支撑起整个山体，以保护人类通行，因此隧道往往会给人一种强大的力度感。

（6）趋同性：除了以上特点之外，由于结构的特殊性，隧道所展现的美学自然性、功能性有着相对独立的审美标准和评判价值，且必须服从基本结构力学原理，使得设计者在进行个性化设计时要考虑大众主观偏向的趋同性。

1.3.3　隧道洞内景观设计原则

（1）安全性。

公路隧道基本上是在为机动车辆服务，所以在景观设计上的安全考虑必须围绕机动车辆的安全行驶来开展。由于公路隧道存在"黑洞"及"白洞"效应，因此在公路隧道洞内景观设计中，光源的使用和照明设施的考虑就显得尤为重要，需要尽量避免强烈的亮度变化给驾驶员带来视觉障碍。同时，在公路隧道的行驶过程中，不应加入过于强烈且眩目的设施，光源应在满足相关使用要求的前提下尽量柔和。此外，若长时间在隧道内驾驶机动车辆，驾驶员容易产生视觉疲劳。目前常采用人造景观来缓解视觉疲劳（图1-10）。需要注意的是，人造景观的色彩不宜太过艳丽，而且造型上亦不可夸张，以免过犹不及，分散驾驶员的注意力，反而影响驾驶安全。

图 1-10 隧道洞内人造景观

（2）视觉效应。

行驶在公路隧道洞内时，驾驶员的视域通常延伸至公路隧道洞内远处，而很少会集中在某一物体上；同时由于洞内视觉环境单一，细微的干扰或不良景观特征产生的视觉影响会被放大。此外，边缘及边界变化对景观影响也较大，因为它们构成了视域背景或尽头，因此景观设计要着重考虑视域边缘或边界的特征和区别。

（3）尺度适中。

景观尺度是指构造物所构成的空间尺度与人体自身感知之间的相对关系，表现为人的感受、评价等心理活动。尺度是景观设计中非常重要的元素，其主要涉及两方面：一是主体（人），二是客体（物象形态）。从主体（即道路使用者）的角度出发，景观尺度主要研究其运行轨迹、景观距离、静态与动态视觉等；从客体（即景观物象形态）的角度来研究，主要探讨如何在形态设计的过程中创造良好的视觉环境。景观设计中的尺度具有多样性和复杂性，尺度的理论研究对于不同的空间尺度需求是不同的，不同的尺度给人心理上造成的影响也不尽相同，景观设计的目的就是要提供适宜的活动空间，因此尺度的选择要符合景观使用和营造这两方面的需要。总而言之，景观尺度的最佳状态应是客观物象、人的心理体验及行为活动之间达到了一种平衡与和谐。

（4）节能减排。

目前虽然没有公路隧道节能的明确定义，但是公路隧道景观设计中照明和通风设施会消耗大量的能源，所以需要考虑节能性。在满足相关规范要求的前提下，宜采用新技术、新设施以降低隧道通风与照明的能耗。在隧道建设过程中，首先将当地的自然环境、经济条件以及交通需求统一考虑，再依据公路隧道在公路网中的功能和作用，合理地选择设计方案，应用新技术、新材料、新设备等，达到节省建设费用、延长设施使用寿命以及节能减排的目标。

CHAPTER

第2章

景观认知特性
与评价理论

Tunnel Aesthetics
Landscape Evaluation and
Design of Highway Tunnels

隧道美学

公路隧道景观评价与设计

2.1 景观认知的感官特性

2.1.1 感性认知过程

感性认知可以理解为由感官刺激转化为心理认知的建构过程。这一过程中可确认的步骤包括：模式观察、形式辨识、对形式赋予意义、将感情灌输在这些意义中，以及观察者对以上四步的反应。例如，在图 2-1 所示的八庙隧道中，我们首先观察到的是隧道洞口整体状况，然后识别洞口壁画装饰内容并对其赋予一定含义，同时将人类情感和壁画内容联系起来，对隧道洞口景观质量做出整体判断。

图 2-1 八庙隧道

2.1.2 刺激与认知

刺激物触发了感觉，包括视觉、听觉、触觉、味觉和嗅觉。通过这些感觉，我们可以认知光线、色彩、图案、肌理、声音、触感、滋味、气味等，而思维过程则通过这些刺激物获取信息而完成复杂的认知。

景观的感知很大程度来源于视觉，优秀的景观设计师能通过视觉刺激唤起理想的认知，并通过刺激其他感觉来提高视觉认知。一方面不同感觉刺激之间有时相互支持，增强了对场所的感觉；另一方面他们之间有时又相互矛盾，对场所的感觉有所削弱。通过有效把控各感官刺激程度，可以获取良好的景观体验。

2.1.3　视觉与空间感知

（1）认知的三维空间。

感知首先是空间上的，而空间是三维的。在 21 世纪，思维可以通过透视线索熟练地"观看"三维空间。位置透视、视差透视、独立于观察者位置或运动的透视以及通过轮廓深度表达的透视可以帮助我们观察空间。

①位置透视。

位置透视包括由肌理差异传达出的透视，随着肌理的减小和密度的增大，物体逐渐远离。位置透视包括由尺寸产生的透视，尺寸的减小表示了更远的距离，这种透视还包括线性透视，线性透视是通过平行线条汇聚于灭点来表达三个维度（图 2-2）。从文艺复兴时期开始，线性透视或已成为最为广泛认知的，在二维平面创造三维图像的技巧。

图 2-2　线性透视效果

②视差透视。

通过视差透视，思维基于不同空间位置所产生的图像之间的差异建立了第三个维度。视差产生的透视通过双眼透视或运动透视而产生。双眼透视是关于深度的透视，源于观察者两只眼睛在空间上的分隔以及由此带来的每只眼睛接收到的图像差异（图 2-3）。我们在观察附近物体时，可以先睁开一只眼睛，再睁开另一只眼睛，两次看到的图像将不同。通过这种方式，我们可以理解双眼透视的效果。

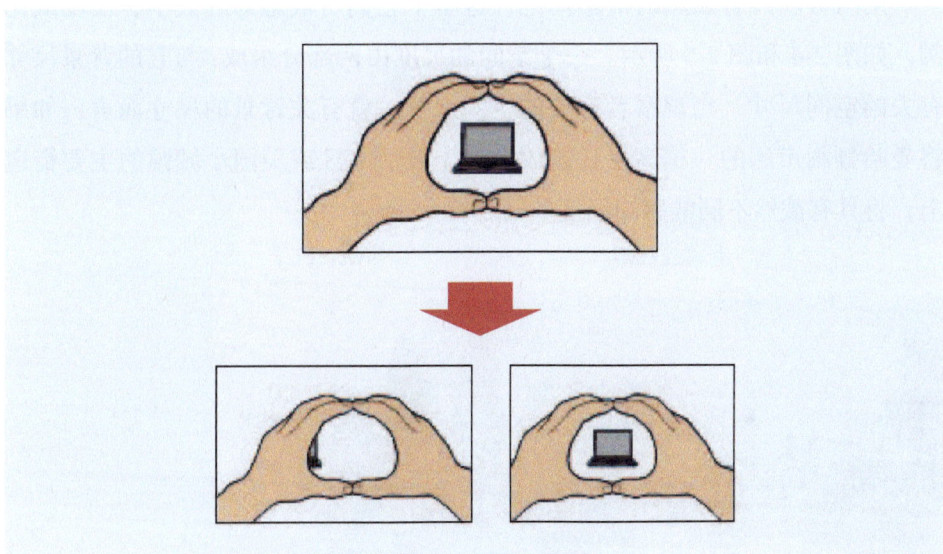

图 2-3　双眼透视

③独立于观察者位置或运动的透视。

独立于观察者位置或运动的透视包括空气透视、模糊透视以及由视野中的位置产生的透视。空气透视是对于深度的感知，是基于观察者和被观察物体之间的大气导致模糊度增强并且减弱了色彩饱和度而产生的；距离、湿度及空气质量都会从本质上对这种感知产生影响，空气透视越高（体积越小、潮湿度越低且污染物越小），将使物体看起来越近。模糊透视发生的条件是，当我们关注某特定深度的物体时，视觉中其他距离的物体会变得模糊，模糊程度与成比例的距离差相关，这种距离差指的是眼睛与被观察物体以及与视线中其他物体的距离。由视野中的位置产生的透视是基于视野中由思维暗示出相对垂直位置的透视，因为在我们感知视线以下或者靠近我们的物体在视觉范围中比远处的物体位置要低，所以这样的位置本身就暗示了靠近，这种效果随着视平线距离地面高度的提升而提高。

（2）尺度。

空间可以具有强烈的情感标记，这基于它们可被感知的大小、尺度或比例，如图 2-4 和图 2-5 所示。一个空间的尺度由两部分组成：与它的背景尺寸有关的空间尺寸，与观察者有关的空间尺寸。就有关背景的尺寸而言，如果将曼哈顿闹市区的一栋高层建筑放在波士顿后湾区或美国小城镇的主要街道上，将具有截然不同的感知尺度。

图 2-4　大尺度空间景观

与观察者有关的尺寸也影响了空间的感知尺度，当空间包含了人体尺寸的元素时，它们看起来愈加具有人性尺度。景观设计师应该创造出具有恰当尺寸的空间，以唤起理想的感觉并促进预期的行为，开发一种具有合适尺度的空间。

图 2-5　小尺度空间景观

2.1.4　刺激物与象征意义

感官刺激带有象征意义，例如：垂直元素是令人兴奋的，水平元素是稳定的，巨大的元素传达出持久的感觉，饰有金银丝细工的元素唤起怀旧之情，有尖角的形式表示能量和运动，圆形传达出被动和安闲的感觉。特定的声音和气味也具有象征意义，同时还有天然材料，包括水、土壤和植物以及建筑元素（门、拱、山墙等）。特定的场所具有象征意义，并随着文化与个人体验而发生变化。我们赋予实体元素和形式以意义，这些意义刺激大脑中的特定模式，刺激特定的情感反应。

2.1.5　刺激与文化

文化交融是在婴儿期就开始的活动，人们通过这一过程使得个人习得社会文化、社会行为以及附属于特定感官刺激的文化上的特定意义。在此基础上，人类个体建立了自我对于世界的认知模型。

每种文化都对现实具有不同的理解，每个景观设计师职业都是一个通过特定透镜观察世界的亚文化群，并都在设计中具有自己的线索语汇。景观设计师对这些线索进行操作，将它们作为刺激物，通过鼓励使用者以恰当方式感知设计景观环境来引发所需要的行为，然而，这些线索通常在一种潜意识层面上起作用，并很少被充分认识和理解，即使是设计师也很难做到。

景观设计师的任务就是设计出带有刺激物的环境背景，从审美角度应是令人愉悦的，引发强烈的景观认知。在有条件时，环境背景还可以适当传递一定的文化含义，为了达到这一目标，景观设计师必须理解文化差异，敏锐地洞察人们的生理和心理需求，全力设计出令人满意而意义深远的隧道景观。

2.2　景观认知的时间特性

在景观设计中，时间的沉淀是一个重要的美学概念。随自然性质的改变和历史文化的变迁，景观也在不断演进，景观的变化是景观设计中的一项基本考虑。

景观随着时间发生物理性实体变化，人对于景观的体验也是暂时性的。景观是一种建立在时间上的认知序列，设计人员根据先前体验背景环境中的短时体验来进行景观设计，同时也需要对后续体验做出预测。

2.2.1　景观的时间特性

景观的变化通常通过时间序列和自然节奏发生，即连续的、季节性的及昼夜的。景观对这些尺度范围加以表达，它们是即时性的表现，同时景观也是自然与文化影响下而发生历史变迁的"图书馆"，它们包括历史遗迹表达与反映前进过程的表达。

（1）时间尺度。

景观变化发生在一系列的时间尺度上，一些过程在几种时间尺度上发生作用：板块构造的缓慢移动为重大的短期事件提供了动力，例如地震和火山喷发。

每种促使景观发生变化的过程都有自己的时间尺度，景观即表达了这些不同的尺度。一些景观较为确切地表达了一种尺度，例如喜马拉雅山表达了地质过程和时间架构。另外一些景观，包括很多成熟的景观作品，更加均衡地表达了一系列时间尺度，例如地质隆起、水流侵蚀、植物再生长等。

（2）昼夜循环。

白天与黑夜、光明与黑暗，这种昼夜循环极大地影响了景观感知。从视觉上，光的特性在一天中发生变化，正午时分烈日当头，影子很短，光线刺目，距离看起来较短。随着太阳在天空中的位置变低，影子也变得更加显著。当太阳下降到地平线附近时，夸张的长阴影表现出线性且有时甚至带有尖角的景观特性。在黄昏和黎明，景观在空间上变得平坦并失去了色彩，观察者变得对非视觉刺激更加敏感，例如景观的气味和声响，在夜间，景观从视觉上被重建，距离看起来更长，听觉、嗅觉、味觉以及触觉被加强。

（3）季节变化。

季节由于其丰富的色彩变化在视觉感知中具有重要作用，如春花和秋叶会成为环境的主导元素；夏季，绿色和棕色会控制整个景观的色彩，与这两种色彩对比度大的色彩则会凸现出来；冬季，景观的主导色彩会变成棕黄色、灰色，特别是下雪时，很多景观和色彩会从视觉中隐蔽起来，大尺度的构造物或树木成为主导景观。隧道洞口景观不同季节呈现的景观差别较大，景观设计过程应尽量符合多季节变化规律。

（4）气象。

气象能增加或减少可视度从而影响我们对景物的视觉感知。阳光明媚的天气可使色彩的明度最大化，而多云阴霾的天气则大大降低了色彩的明度和物体的对比度，雨、雾、云、烟、雪都会降低可视度使得景物不容易辨认。因此，在景观设计中，色彩的选择必须考虑到当地的主要气候条件，以达到与周围环境充分融合或对比的设计目的。

2.2.2 时间和空间

引起景观变化的进程透露出景观的空间结构和时间结构。这些景观随着地区变化，并且地区景观表达了创造它们的生态和文化历史进程。

景观也是空间和时间上的序列体验。事实上，时间可以被视作一个人在景观中移动的空间序列秩序。相反地，空间连续体可以被视作一系列由时间组织的体验，伴随由时间传达出的空间关系，它从一处向另一处移动。随着自身位置经历时间的改变，使人们逐渐理解空间。

随着我们在空间和时间中的运动，感知发生了持续改变。根据拉普卜特的观点，在观察周围世界时，我们寻求感性的改变：渴望变化无常的感知；另一方面，我们也寻求理性的亘古不变，即我们希望对于世界的心理建构具有相当的连续性。当我们短暂地体验景观时，景观设计必须处理感性变异和理性恒定性之间的相互关系。

2.2.3 时间和感知

景观设计师应对时间和感知之间的相互关系进行考虑，第一种考虑包括感知一种背景，将背景作为场所识别的可用时间；第二种考虑是环境学习曲线。随着我们面对新的背景，迅速启动环境学习，继而随着时间的推移，处理景观信息的速度放缓，观察者关注的信息类型也发生变化。对整体景观形式和模式的相对潜意识的探索以增加理解为目的，这种探索演变为一种对更具细节、更具体的信息和异常现象的自觉探索，这些信息和异常现象将更有意义，增加心理联想的丰富性与深度。

2.2.4 时间和距离

人类对于世界的认知通常包括对景观的感知、相互关系及距离，而距离通常被视作并表达为时间。我们发展了一种关于距离的复杂主观感知，这种感知以精确的距离、瞬间的距离和过程的愉悦为基础。感知距离受行程的感知时间影响，而行程的感知时间受我们的情绪状态影响，像鸡与蛋的相生问题一样，情绪状态又会受景观体验的品质所影响。感知距离由于运动的预期难度而提高，不论这种难度是否由移动性降低而引起，移动性降低可能是因为年老的缺陷、拥堵、恶劣天气或其他一些原因。

2.2.5　时间、技术及经济

考虑时间性的文化态度是个体和文化建立自身技术与经济系统的基础之一。这种态度深刻地影响了决策的短期和长期结果以及文化景观的可持续性。通过狭窄的视角以及短期时间框架进行预想的技术和经济系统倾向于是消耗的、退化的景观，而那些通过长期时间框架进行预想的技术和经济系统有助于生成环保、可再生的景观。从景观影响方面来说，识别四种经济时间框架是非常有益的，决策正是通过这种经济框架得以制定。每种经济框架都扩展了前面层次的认识，也扩展了更加负有责任感和伦理的技术及经济的范围及时间框架。

（1）第一层次：最初成本的技术和经济性。

第一层次关注当前。人们漠视未来，为当前需求开发资源，使短期经济效益最大化。

（2）第二层次：经营和养护成本的技术和经济性。

第二层次关注近期的未来。人们考虑最初建设成本加上随着时间流逝为项目或生产用途产生的经营与养护成本。

（3）第三层次：生命周期的技术与经济性。

第三层次关注中等期限的未来。它们包含最初成本、经营与养护成本以及生命周期成本，并包含缓解影响的成本。人们为了持续的系统健康和生产力而获取资源，并试图在系统承载力范围内进行工作。

（4）第四层次：再生的技术和经济性。

第四层次关注长期和可再生的系统承载力。人们把注意力放在对景观未来生产能力的管理上。

2.3 视觉审美特性

公路隧道景观是由具有不同造型、不同功能、不同颜色的个体组成的空间群体形态，宏观上属于一种建筑艺术。就像音乐家能够把自己的情感融入歌曲的音符中一样，建筑同样能够把设计师的情感或观念凝固在一个固定的空间群体中，这种情感或观念是基于视觉刺激被人们所感知，视觉审美自然成为包含公路隧道景观审美在内的一切形态艺术审美的主要方法，视觉审美有静态视觉审美与动态视觉审美之分，但两者都是基于视觉基本生理特性产生的。因此，在分析视觉审美特性前，首先对视觉生理特性进行剖析。

2.3.1 视觉生理

眼睛是视觉器官。视觉是外界刺激经过视觉器官的感受在大脑中所引起的生理反应。人通过视觉判断物体大小、形状、颜色、方位以及运动状态，驾驶员获得交通信息主要来自视觉。在公路隧道洞口景观设计中，应重点分析驾驶员高速运动的状态所获得的景观印象。

眼睛具有发达的神经细胞和完美的光学系统，还有许多控制眼球转动和调节光学系统的肌肉组织。根据眼球的解剖和研究，外界的物体影像经过眼球晶体投射到视网膜，人通过这种方式感受客观世界，人类视觉成像过程如图 2-6 所示。

中央凹处于视网膜的中央，包含了最细微的视锥细胞。中央凹形成的视野呈圆锥状，水平和垂直方向观测角都仅 2° 左右；当人的头部直立、略微前倾时，中央凹视觉一般可看到水平视线以下 10° 左右的区域，中央凹的作用是辨别细微的事物，灵敏度很高。眼睛看东西时，中央凹视觉多以"点划式"进行扫描，"点"即停留、注视，"划"指扫描，而停顿、注视的时间长短，和个人的兴趣息息相关。对象不同，中央凹的扫描方式也不同。例如，在看大的雕塑时，中央凹扫视聚焦于客观形体，移动的视线在物体的外圈轮廓处略微停一下；欣赏公路景观时，中央凹则集中于中景左右往返扫描，注视的程度也会随距离增加而逐渐减弱。

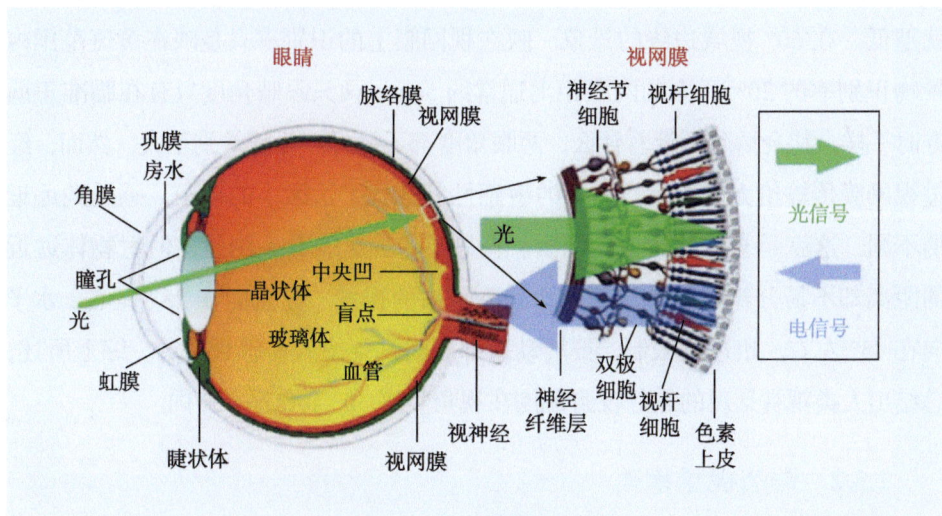

图 2-6　人类视觉成像过程

　　围绕中央凹的椭圆形黄色色素区域被称为黄斑，水平视角在 12° ～ 15° 。黄斑随同中央凹进行扫描，清楚的视野才得以显示。中央凹和黄斑周围称为周围视觉，又详细分成三部分：近周围、远周围以及边缘单眼视觉。其中，边缘单眼视觉部分所反应的视力较差，但是对运动的感觉则比较灵敏，用来观测视野周围对象的运动。这些运动会被边缘视觉感知，引起人潜意识的本能反应，这对人们感知所处境地、发现危险和安全感作用重大。例如，驾驶员从开阔的公路路段驶进林荫路段时，尽管路面相同，驾驶员依旧会不自觉地减慢车速。因为，相对前进方向而倒退的路边树木，在边缘视觉上产生了夸大运动感，激发了人下意识的本能反应。在公路设计中要考虑边缘视觉的影响作用，在隧道的常用措施有采用入口绿化栽植等手段设置合适的视觉过渡以及渐变视觉标志等。

以黄斑中央凹为核心做一条假设的中视线，然后以此中视线为轴，构成圆锥形，以黄斑为圆锥的顶点，称这个圆锥所能达到的范围为视域。视域垂直方向范围约 130°，水平方向约是 160°，但视域的有效区域很小，仅有 6°～7° 视域内景物可以映入视觉最敏感黄斑处，映入眼睛的景象离黄斑距离越远，可识别率就越低。在 60° 视域边缘的景象，映在视网膜上的识别率只是映在黄斑范围内景物识别率的 20%。人的两眼距离通常约 5cm，两只眼睛角度只有在瞄准正前方时一样，其余情况不管看什么，两眼角度都不一样。尽管差别不大，然而，经过视网膜传输给大脑以后，人脑的敏感性就放大了这微小的差距，感受到远近的不同，这就是立体感形成的原因。一只眼睛虽然能看到物体，但对物体远近的距离却不易分辨。能看清景物而又不转头的视域，竖直向在 28° 左右，水平向在 45° 左右，超过此限制，要转动头部观察，会使人易感到疲劳。综上所述，总结出人类观赏景观的最好视野范围在视角竖直 30°、水平 45° 内。

2.3.2　静态视觉审美

静态视觉审美是审美主体相对于审美客体处于静止状态，依据获得审美客体的静态视觉信息来进行视觉审美评价的方法，静态视觉审美所获得的视觉信息与审美客体客观存在的视觉信息较为接近，但也受视角、视距等因素的影响，做出的评判结果也因评判主体不同而有所差异。按视距不同，静态视觉审美所获取的视觉景观可分为远景、中景、近景。

（1）远景。

观景距离较远，隧道与周边环境融为一体，作为一个整体呈现，远景主要体现隧道的整体美，如图 2-7 所示。

（2）中景。

观景距离稍近，隧道洞口成为主要的景观主体，可以充分体现隧道洞口景观的造型、色彩、装饰以及所蕴含的文化等信息，呈现出最佳的视觉审美景象，如图 2-8 所示。

图 2-7 远景

图 2-8 中景

（3）近景。

观景距离很近，局部结构成为隧道洞口景观主体，可以充分体现该结构的造型、材质、工艺等，如图 2-9 所示。

图 2-9 近景

2.3.3 动态视觉审美

动态视觉审美是审美主体相对于审美客体处于运动状态，其一般是在车辆快速行驶过程中进行，审美主体对审美客体的审美评价及心理反应均来源于车辆行驶过程接受的动态视觉信息。动态审美过程中的视觉特性主要表现为以下方面。

（1）反应时间。

人的感觉器官获得情报，传入大脑，经大脑处理后发出命令。获得影像信息的时间称为反应时间，它包括由神经对刺激的传递时间和大脑的处理过程时间。不同的感官和不同的刺激都具有不同的反应时间，反应时间与外界的刺激性质有关，例如听觉、视觉或触觉等。与公路隧道景观直接相关的是视觉反应时间，视觉反应时间受年龄、疲劳、干扰等多种因素影响。随着年龄的增加，反应时间显著增长，青年人反应敏捷，老年人反应迟钝。外界其他因素也会影响反应时间，例如边驾车边打手机的驾驶员的表现就像老年人，反应速度变慢，还很容易由于注意力的分散造成事故。对于不同颜色，反应时间也是不同的，例如两种颜色对比鲜明时反应时间短，而两种颜色色彩接近时反应时间长。

（2）视力。

视力，也称视觉敏锐度，是指人眼能分辨出两个相邻发光点即分辨物体精细形状的能力。可以把人眼前能分辨出的两个发光点对人眼视角的倒数定义为视力，用公式表示如下：

$$V = \frac{1}{\alpha} \tag{2-1}$$

式中：V——视力；

α——视角。

通常人眼的视力是在静止状态下测定的，也就是在静止状态和一定的光线照明条件下，用分辨 5m 以外视标的能力来衡量眼睛视力的高低。视力是衡量驾驶员视觉优劣的一个重要指标，良好的视力可以较早地辨别和确认目标，以保证驾驶员有足够的时间进行反应，从而减少交通事故，使驾驶员安全有效地驾驶。我国规定驾驶员眼睛的静态视力必须达到 0.7 以上。人眼的静态视力在注视点附近最高，视觉最敏感的区域集中在注视点附近非常狭窄的范围，如偏离这个范围，眼睛的视力会迅速下降。

当车辆高速行驶的时候，驾乘人员观察景物往往会与静止时有所区别，距车窗较近的物体常常是看不清的，这时的物像来不及在人的视觉器官上得到清楚的反映，因而物体显得模糊，从某种程度上说，视力好像下降了，这种运动状态下所具有的视力，也就是眼睛对做相对运动的物体的分辨能力，即动态视力。

与静态视力不同，驾驶员的动态视力与运动速度、环境的光照度以及驾驶员的年龄等因素都有关系。根据运动视觉心理学的分析，人眼在运动中的视力会有所下降，而且运动速度越快，视力下降得越多。一般来说，动态视力比静态视力降低 10% ~ 20%，特殊情况下降低 30% ~ 40%。如一个静态视力为 1.2 的人，以 60km/h 的速度运动时，视力将下降至 0.7 左右；而运动速度增加到 90km/h 时，视力将下降至 0.6 以下。

人的感官适合感受和处理运动速度在 1.4 ~ 4.2m/s 以下的对象，如果运动速度增大，观察细节和处理信息的能力就会随之下降。因此，人在运动中若想看清物体时，必须要停下来仔细观察，走马观花只能获得物体的大概印象。车辆在中等速度下，驾驶员或乘客需要 1/16s 的时间才能看清目标，视点从一点跳到另一点的中间过程是模糊的，如要看清则需视点相对固定，当两侧景物向后移动很快时，一旦辨认不清，就失去了再次辨认的机会。同时外界景物在视网膜上移动过快时，视网膜分辨不清，景物就会模糊。相对于路侧景观，驾乘人员是以角速度运动的，对于距路侧越远的目标，车的角速度越小，才可能较长时间看到景物；反之，对于路侧近处的目标，由于角速度变大，驾乘人员对于路侧的景物则没有停留观察时间。因此，公路的隧道景观空间规划要考虑汽车速度因素，这意味着一切景观尺度需要扩大，规划方式需要改变，而且速度越高，这种变化就越大。

（3）视野。

当头部和视线固定时，眼睛所能看到的全部范围称为静视野；如果仅仅将头部固定，眼球自由转动时能够看到的全部范围就是动视野。动视野比静视野左右方向宽约 15°，上方宽约 10°，两者下方宽度相同，人的静止视野范围是随周围环境的不同而有所不同的。视野可以用视野计进行测定，如果驾驶员的双眼视野过小，则不利于安全。不同状态的视野角度见表 2-1。

表 2-1　不同状态的视野角度

状态	视野角度
以眼睛的视力最强部分看到对象物体的详细情况	3°
人眼完全处于舒适状态	18°
观赏一般物体（眼球转动）	30°
头部不动，眼球从左向右尽量活动	60°
考虑了头部活动的实际视场	40°~120°

公路隧道景观作为一种动态景观，公路使用者进行的是有方向性的活动。对驾驶员而言，当速度逐渐提高时，头部转动的可能性逐渐变小，注意力被吸引在车道上，视线集中在较小的范围以内，注视点也逐渐固定起来，此时视野很窄并且很容易形成所谓的"隧道视"，如图 2-10 所示，图中白色部分表示动视野区域。这种"隧道视"会使驾驶员产生瞌睡反应，而合理的公路景观设计有助于减轻这种反应，丰富的线形组合和景观元素可以改善驾乘人员的视觉环境。

驾驶员的动视觉特性是研究道路景观设计安全性和舒适性方面的重要内容，驾驶员行车过程中，具有以下几个方面的视觉特性。

①注意力随着速度的增加而提高。

当车速增加时，驾驶员的心理紧张程度和注意力集中程度也随之增加。因此，尽管公路隧道景观可以营造更为顺畅舒适的驾驶环境，但是应避免过分突出的细部和分散驾驶员注意力的元素。

▲ a）低速行驶

▲ b）高速行驶

图 2-10　行车过程中的动视野

②注意力集中点随速度的增加而前移。

当车速增加时，驾驶员注意力集中点向远处移动，驾驶员要从足够远的前方观察路况以便能够在必要时做出规避动作。在车辆行进中，驾驶员从注意到目标到做出刹车反应的这段行驶的距离随着车速的增加而增加。随车速逐渐增加，注意点迁移，视野深度增加，视野变窄，形成隧道视，驾驶员容易产生视疲劳。行车速度与注意力集中点的关系见表 2-2。

表 2-2　行车速度与注意力集中点的关系

车速（km/h）	60	80	100	120
注意力集中点（m）	180	300	420	540
视野深度（m）	370	500	660	820

③驾驶员视野随速度的增加而缩小。

随车速的增加，动视力下降，驾驶员的空间辨别能力降低，车前可视距增加，即驾驶员能够辨认景物的最小距离增加，行车速度与水平视野、车前可视距的关系见表 2-3。为了获得清晰景象，驾驶员必须向更远处看，驾驶员的注意力随之引向景物的中心，这也说明驾驶员的主要视力集中在公路的轴线上，如果狭窄视野中的路景不发生变化，时间过长时（如在长直线路段上行驶）就会使驾驶员对速度的感觉逐渐迟钝，易导致一种不适宜的松弛感。

表 2-3　行车速度与水平视野、车前可视距的关系

车速（km/h）	60	80	100	120
水平视野角度（°）	75	60	40	24
车前可视距离（m）	25	33	42	50

④前景的细节随速度的提高而逐渐消失。

速度越快，前景中的景物向后相对运动越快，景物也就变得越模糊，驾驶员必须向更远处看才能获得清晰的影像。根据表 2-2 和表 2-3，当车速为 60km/h 时，25m 以内的景物不能看清；当车速为 100km/h 时，这一距离增加至 42m。因此，当车速为 100km/h 时，车辆前方 42 ~ 420m 的这段距离和水平视野角度为 40° 所决定的范围以内，是令人满意的视力范围。此外，公路环境中的细部对于驾驶员的意义较小，驾驶员只会逐一留意到较大尺度的景物元素，如地形、大片植被以及由公路自身所形成的景廊。因此，在进行公路景观设计时，要充分考虑高速公路的视觉特性，使景观构景元素遵循简单而协调的设计原则，以避免多余细部的修饰或雕琢。行车速度与清晰辨认距离的关系见表 2-4。以行驶速度 100 km/h 为例，驾驶员前方的空间背景视觉的最远距离不应大于 660m，前方景物最小高度不应小于 2m，司乘人员对路侧景物辨识清楚最小距离为 8.5 m。当空间背景的景物超出这些阈值时，景观的视觉敏感度就会很弱，也就意味着景观对用路者的视觉影响很微弱。

表 2-4   行车速度与清晰辨认距离的关系

车速（km/h）	60	80	100	120	140
清晰辨认的最小高度（m）	1.10	1.50	2.00	2.50	3.00
路侧清晰辨认的最小间距（m）	5.09	6.80	8.50	10.2	11.9

⑤空间感知能力随速度增加而降低。

空间感知能力是指人们对事物的大小、运动状态以及空间距离的辨认能力。随着车速增加，驾驶员的空间感知能力降低，特别是在视觉环境变化小的直道上更为明显。在直线路段不存在离心力的问题，判断车速的主要办法是根据驾驶员视觉中物体自身尺寸的变化和物体位置与驾驶员的相对关系的变化。在高速行车状态下，由于驾驶员的视点主要为远离车辆的前方，使驾驶员更加难以察觉这些变化，影响对车速的判断。另外，在高速公路上行车时，往往附近存在其他车辆也以相近的速度行驶，导致驾驶员失去高速行驶的感觉，从而容易失去需要采取停车和规避动作的时间和距离意识。因此，高速公路建设应适当增加给驾驶员提供判断速度的线索（如中央分隔带及路侧景观形式应具有变化），提升驾驶员的空间感知能力。

⑥明适应与暗适应。

人从明亮环境到黑暗环境或从黑暗环境到明亮环境都有适应过程，这种对光线强弱变化的能力称为"适应"。从暗处突然到亮处称为明适应，从亮处突然到暗处称为暗适应。明适应时间较短，只需几秒到一分钟；而暗适应时间较长，一般需 15min 才能适应，甚至半小时才能完全适应。明暗适应均是适应光线的突然变化，所以适应过程中眼睛的瞳孔直径也会变化，暗适应瞳孔会放大，明适应瞳孔会缩小。另外还有对颜色的适应问题，在昼间人们对波长 555nm 的光最为敏感。

⑦眩光。

眩光是光线在眼球内角膜与网膜之间媒介质中产生散射现象而引起的反应，这种情况出现时，人会有耀眼感。汽车前照灯与一些道路照明可能产生眩光现象，而使人视力下降。眩光可分为连续性眩光和间断性眩光两种。汽车行驶过程中对向行驶车前照灯引起的眩光为间断性眩光，又称生理性眩光；而道路照明引起的是连续性眩光，这种眩光也称心理性眩光。当夜间眼睛受到强光照射后造成视力下降，要完全恢复到照射前的视力需要 2 ~ 3min。引起眩光的主要因素有光源宽度、光源外观的大小、光源周围的亮度等。

2.3.4　视觉审美的心理特征

人的视觉并不像照相机一样机械地复制外物，而是在想要获取某事物时，才会去观看。视觉就像是无形的"手指"一样，在周围的空间中移动着，并会发现、捕捉、扫描表面，寻找边界，探究事物的质地和内涵。所以，视觉活动是一种积极的活动。视觉具有高度选择性，它不仅对那些能够吸引它的事物进行选择，而且对所看到的任何一种事物都可以进行选择，并由此产生不同的心理作用。因此，在公路视觉感知的研究中，既要分析动态视觉生理特性，还应分析动态视觉心理特性，包括色彩心理效应和心理惰性，这对保证公路使用者动态视觉的连续性、可预见性及行车的安全性和舒适性均具有重要意义。

（1）色彩心理效应。

色彩心理效应表现在以下几个方面。

①冷暖感、前进感、后退感。

不同色相的色彩给人的感受不同，暖色带给人温暖，冷色带给人寒冷，中性色介于两者之间。色彩的冷暖感是不固定的，当明度发生变化时，冷暖感也可能发生变化，例如，对绿色与蓝色，当具有较高明度时偏向冷色调，具有较低明度时偏向暖色调。并且，当同一色系进行对比时，会出现冷暖色调的转变，例如红色与紫色在一起时，紫色在感知中就成为冷色调（图 2-11）。另外，色彩还有前进色与后退色的性质，如红色和青色放在同等距离的地方，看起来红色比青色距离近，所以认为红色、黄色为前进色，而青色、绿色为后退色。

②膨胀感和收缩感。

色彩本身不具备膨胀与收缩特性，但由于人眼的物理属性会在视觉中呈现出不同色相的色彩，便具有不同的膨胀感，最典型的例子就是生活中穿黑色衣服显瘦。归根结底是因为色彩的色相，即色彩的波长不同，短波长的冷色光给人收缩感，而长波长的暖色光给人膨胀感，如图 2-12 所示。

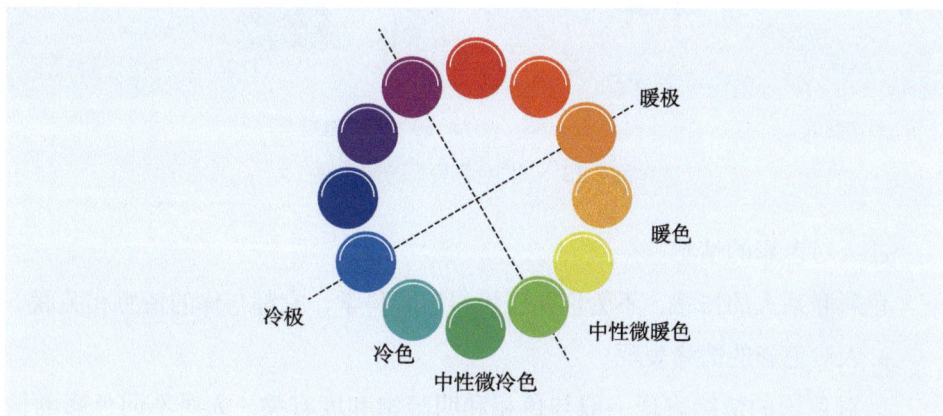

图 2-11　色彩的冷暖感

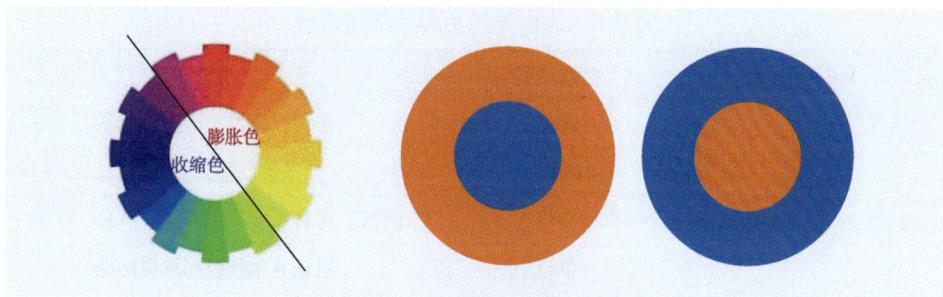

图 2-12　色彩的膨胀感和收缩感

③重量感。

生活中不同色彩的物体往往会给人不同的重量感，例如当一个箱子为白色时会给人较轻的感觉，而当色彩逐渐加深时，物体给人的重量感会不断增加，当色彩为黑色时，给人的重量感最大。产生这种现象的原因，是在人的意识当中，会把白色与棉花、白云、雪等轻质物体联系在一起，而黑色则会与钢铁、泥土、混凝土等厚重的物体联系在一起（图 2-13）。

▲ a）沙湾隧道

▲ b）拉脊山隧道

图 2-13　洞门色彩呈现的重量感

④人对色彩的情感。

色彩联系人的情感，不管你是否懂得色彩科学，它都与你的情感相关联。

a. 人对色彩的情绪表现。

人对色彩的情绪表现一般与色相和明暗饱和度有关，人对不同色彩的情绪表现见表 2-5。

表 2-5　人对不同色彩的情绪表现

色彩参数	色彩类型	人的情绪表现
色相	暖色	亲切、喜悦、活泼、活跃
	中间色	平静、平凡、协调
	冷色	阴沉、悲哀、凄凉、停顿、沉思、宁静
	单色	衬托其他颜色而取得协调
明度	高明度色彩	爽朗、轻快、明朗、轻薄
	中等明度色彩	稳重
	低明度色彩	忧郁、笨重、稳重
饱和度	高饱和度色彩	华丽、新鲜、进步
	中饱和度色彩	稳重、舒畅
	低饱和度色彩	朴素、古雅、保守
明暗饱和度	高明度低饱和度色彩	柔和
	低明度高饱和度色彩	坚强

b. 人对色彩的联想。

色彩与生活密切相关，也出现在生活的方方面面。因此，某些色彩在人的潜意识中就被赋予了某些特定的意义，例如看到蓝色就会想到蓝天，看到红色就会联想到节日的喜庆。这些联想基本具备趋同性，但随着地区、民族与信仰的不同而有所区别，具体见表 2-6。

表 2-6　人对色彩的联想

色彩	抽象联想	具体联想
红	热情、革命、危险	火、血、口红、苹果
橙	华美、温情、嫉妒	橘子、收获、秋天
黄	光明、活泼、快乐	光、柠檬、秋叶
绿	和平、成长、安宁	植物、大地、田园
蓝	沉静、悠远、理想	水、海、天空
紫	优雅、高贵、神秘	葡萄、三色草
白	纯洁、神圣、朴实	百合、雪山、白云
灰	平凡、忧郁、朴实	乌云、水泥、阴天
黑	严肃、死亡、罪恶	夜、煤、墨

c. 人对色彩的记忆和辨别。

不同色彩对人的吸引力不同，引人注意的具有较高的识别性。依据研究，具有识别性和记忆性的色彩，按红、橙、黄、黄绿、绿、蓝绿、蓝、紫、单色的顺序识别性逐次降低。一般鲜艳的色彩比朴素的色彩易记忆，纯色比中间色易记忆，饱和度高、明度高的色彩比饱和度低、明度低的色彩易记忆等。

（2）心理惰性。

当驾驶员重复行驶在同一种类型的公路路段时，会形成一种特有的行驶节奏，并在无意识中适应这种节奏。假设公路条件和路侧景观总是相似的，熟悉且枯燥的环境令驾驶员的驾驶姿势长时间保持不变，眼睛注意形式也无明显变化，那么容易激发驾驶员的心理惰性，从而引起机械化、松弛化的驾驶状态。如长时间维持此种状态，将给行车带来一定的潜在危险，即便出现了新的环境，也很难立刻打破既有的心理节奏，而是需要较长时间调整适应。隧道洞口景观作为整条高速公路上的一个"节点"景观，如果设计合理，就可以很好地起到提高驾驶员注意力的作用，避免驾驶员在行车过程中出现"心理惰性"。

在单调的、信息缺乏的路段，驾驶员容易感到疲乏，使得较高的神经活动处于受阻的状态。当驾驶员收到的信息少于为了保持头脑和精神应有的积极水平所必需的信息刺激量时，工程心理学上称之为"信息饥渴"。如在路侧景观单调并缺少视觉刺激的情况下，处于"信息饥渴"状态的驾驶员知觉敏锐性就会降低，容易思想松弛或者把注意力转移到与公路交通无关而对驾驶员有吸引力的事件上去，从而引发交通事故。

对驾驶员的视觉审美原理分析表明，在采用步行、马车等出行的低速交通工具时代，道路使用者的视觉问题在一般状况下并无十分显著的影响。而汽车成为道路上的主要交通工具后，道路使用者乘坐交通工具的连续活动就有和以前不同的体验。对高等级公路的景观空间构景元素要充分考虑汽车速度的影响，这意味着一切景观尺度需要随车速增加而扩大，建筑细节尺寸要相应扩大，绿化方式也需要改变，而且速度越高，这种变化就越大。汽车时代产生的新视觉问题，要求设计人员用大尺度来考虑时间、空间变化，只有充分考虑车速的影响和各种动视觉特性，将不同车速影响的差异正确应用于设计理念中去，才能形成兼具安全、舒适和美观的公路隧道洞口景观。

综上所述，简单地把静态视觉审美套用在隧道洞口景观设计中，而忽略了驾驶员的动态视觉特性，设计效果将与行车过程中所见景色差异性较大；而对于功能、环境等关键性指标，评价过程若仅仅依靠动态视觉效果的一瞬间的感受，评价结果未免过于草率。因此，对于隧道洞口景观应采用动态视觉效果与静态视觉效果相结合的方法进行评价，即从静态对功能、环境等进行评价，从动态对行车安全和美学进行瞬间评价，评价结果更加科学合理。

2.4　景观评价理论

2.4.1　景观生态学

现代人类生活多以城市为中心，因此对自然界的破坏便是以城市为中心向外逐渐扩散的，再加上工业化水平的日益提高，地球原有的生态环境正在被不停地侵腐和分割。人们在享受高速发展带来的物质文明的同时，也承受着自然界带来的一系列反噬：水源和空气的污染，噪声污染，大面积高楼和眩目的霓虹灯带来的光污染，以及日渐拥挤的城市居住条件，还有堆积如山的生活及工业垃圾等，这都在危害着人类的生存环境。西方发达国家对生态环境的关注比较早，早在 20 世纪 60 年代就提出了"景观生态学"的概念，即景观设计包括风景、建筑、设施等都要考虑生态因素和环境因素，要将自然生态和人类活动的需求有机结合起来。

因此，在景观设计中甚至是所有的相关设计中，应当重视生态环境的保护，对各个因素所组成的结构进行优化和调整，让人类的生存环境和生态环境相结合，放弃"先破坏，再治理"的做法。公路隧道的修建难以避免对山体造成破坏（图 2-14），大开大挖的方法对山体和周边自然环境的影响尤为显著，对山体的生态破坏严重，后期的植被恢复也面临极大挑战，特别是北方植被较难生长的地区。因此，生态修复是公路隧道景观设计的重要任务，公路隧

图 2-14　隧道修建对山体的破坏

道的景观设计必须从根本上保护修建隧道所在山区的生态环境，重现自然界的河流、山丘和生物，让它们可以更巧妙地在景观设计中发挥作用。将隧道结构与周围自然环境结合在一起，这是隧道景观设计的最终目标。

景观生态学的产生是生态、艺术、功能三者和谐统一的要求和表现。生态设计反映了人与自然的关系，在人类生产生活中加入对自然环境的保护意识，将人类社会发展造成的自然破坏降到最低点，这样的意识和行为就是生态设计要实现的最终目标。生态设计包括两个方面的内容：①因地制宜是生态设计的基本条件，生态设计师要对当地环境进行充分地保护，了解当地的自然和人文环境，因地取材；②天人合一是生态设计的灵魂，保护自然资源并结合自然元素设计出满足人需求的共存共荣的环境，这一点在我国的古典园林中体现得淋漓尽致，是生态设计需要借鉴和学习的经典案例（图 2-15）。

图 2-15　生态园林景观

2.4.2　美学

1）对美学的理解

（1）西方美学。

柏拉图是第一个从哲学角度研究美学问题的哲学家，认为美本质上是一种理念，在柏拉图看来，"美"是一种超越感官的理念，是一种永恒不变的存在，在实际运用中，只有实际的具体事物在满足或分享了这种理念时，它才具有了美；黑格尔有句名言，"美是理念的感性显现"，可见他是基本认同柏拉图关于"美的本质"的理解，并在此基础上增加了感性显现，理念通过感性显现才成为美，因而他认为美是具体真实的，是理念与显现的统一；康德以主观唯心主义哲学为基础，从人的内心世界寻找美的根源，认为美不是客观世界对象本身的属性，而是人类意识和心灵活动的产物，物质世界中的美都是人的情感观念赋予物体的，是主观联想活动的结果；以马克思为代表的历史唯物主义学者认为，审美趣味与审美主体有很大关系，审美主体具有很大程度的主动性，但不能忽视的是具有美的事物往往同时具有规律性，即统一性，在肯定美的客观性的同时，提出审美主体的能动性，认为人类改造自然实现生存目标的社会实践是认识美、创造美和发展美的根源，全面地提出美的本质特征性。除了以上理论外，还有"美的愉快说"（认为美的事物引起人生理和心理上的快感是美的真正本质）、"典型说"（认为审美对象的艺术美应该正确反映出事物的典型性，典型的程度越高就越美）、"摹仿说"（强调艺术美的现实基础，反映事物所包含的生活内容）等。

（2）中国美学。

中国美学的发展受到我国传统文化的深刻影响。先秦诸子在不断探索人生意义与自然规律的进程中，开创了中国古典美学。老子提出"虚实""有无""妙""自然"等概念，从虚实结合的角度反映世界的存在，以"道法自然"的理念揭示万物运转的规律；孔子开创的儒学，以"仁"一以贯之，将与人为善、与自然为善作为"仁"的境界，也是美的最高层次；"天地有大美而不言"是庄子关于"美"的中心思想，他认为足够优秀的作品往往可以做到"既雕既琢，复归于朴"，即大巧若拙。此外，禅宗思想对中国古典美学产生了举足轻重的影响。禅宗六祖慧能认为"心"没有实体，只是通过在此心上显现的世界万物而显现自己，世界万物在这个自由活泼的心灵上刹那间显现的样子也就是事物本来的样子。因此，慧能就将现象世界从空寂状态中解救出来，恢复了现象世界的生动活泼、万紫千红的本来面目，这就是禅宗强调的"心物不二"。禅宗这种刹那真实的理论启示人们去观照世界，即人的瞬间直觉中生成的意象世界，这个意象世界是显现世间万物本来面目的真实世界。

在我国近现代美学代表人物中，王国维借助现代哲学的理性思辨特征，主张人们的审美具有形而上的品质，同时认为美之所以为美，是因为它使主体的情感在这个过程中得到满足和升华；朱光潜把美学定位在"形而上"和"形而下"之间，即是位于"道"与"器"之间，他认为美也是一种"境界"，这种"境界"是"情趣意象化和意象情趣化"恰到好处的"契合"，主观情趣表现于意象从而得到美感。

2）美学的研究对象

关于美学研究的对象，在我国的美学界有不同的认知，主要分为以下六种：美、艺术、美与艺术、审美关系、审美经验、审美活动。将隧道美学的研究对象定义为实体化的"美"显然不符合文化美的内在特性；艺术属于美学，但美学却不局限于艺术，将隧道美学研究对象定义为"艺术"显然失之过窄，另一方面，艺术涉及知识级、物质载体级、经济级、技术级等层面，将其作为隧道美学的研究对象，又失之过宽；审美活动是人类追求精神层面的文化活动，是一种不可缺少的价值需求，审美关系及审美经验均可归入审美活动。审美关系脱离审美活动，就成为一个抽象概念，没有任何内容。审美经验是审美活动的一种从心理角度的表述，脱离审美活动，审美经验就是纯粹的心理学研究，美就不再是美。

因此，将隧道美学的研究对象定义为审美活动，其包含了精神活动和文化体验。驾乘人员途经隧道，对隧道美景的欣赏过程是一种精神享受，是从人的本性角度对隧道美学的认知与分析；此外，驾乘人员在对美景欣赏的过程中受到了地域文化、社会制度、风俗习惯的影响，因此审美活动还是一种文化体验。

综上所述，将隧道美学研究的对象设定为审美活动恰如其分，隧道美学认知过程是一种动态的审美活动，是人的一种精神和文化活动。

2.4.3　金字塔理论

金字塔理论来源于国外三位一体的教学方式与理论,将景观分成三个层次:社会性与生态性、艺术性与技术性、文化与内涵(图 2-16)。社会性与生态性是景观设计和评价的基础,它们是一对矛盾的个体,强调社会功能往往会忽略了生态保护,一味的生态保护有时又无法满足大众的需求,因此社会性与生态性的平衡与和谐是当今景观设计要解决的首要问题;艺术性与技术性是景观效果实现的途径,艺术性是视觉形象的感受,技术是艺术形象的支持,现代景观设计是艺术与技术的结合;文化与内涵是景观的灵魂,是景观设计中的重要部分,是对地域文化景观设计的具体要求,"民族的就是世界的"观念直接关系到中国文化的传承与发展,有文化内涵的景观才是完整的景观。

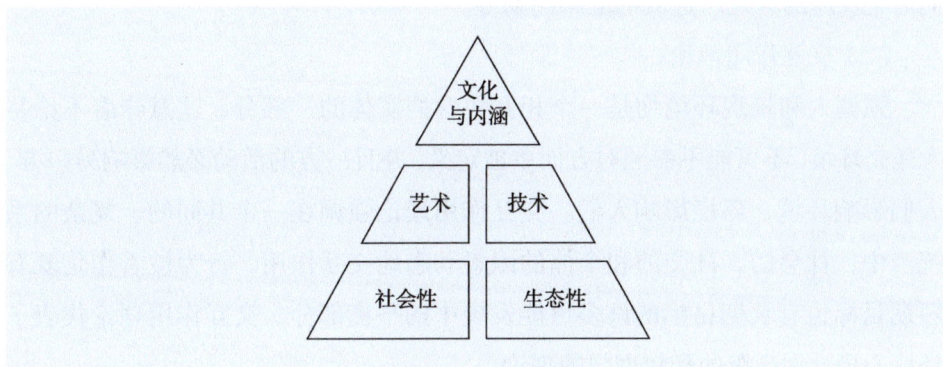

图 2-16　金字塔理论

2.4.4　环境心理学

环境心理学以研究人和环境的相互作用为主要内容,在相互作用中个体改变了环境,反过来它们的行为和经验也受环境影响。环境心理学是涉及人类行为和环境之间关系的学科,它主要包括那些以利用和促进两者的作用关系为目的,并提升环境设计品质的研究和实践。环境心理学有两个目标:一是了解人 - 环境的相互作用,二是利用相关知识来解决复杂和多样的景观环境设计问题。它的

主要特点是把环境 - 行为关系作为一个整体加以研究，强调环境 - 行为关系是一种交互关系，具有多学科性，涉及生理、心理、建筑学、园林规划与设计等多门学科。环境心理学的理论有刺激、控制、行为场合、交互作用、操作性理论、场所理论，隧道景观评价是以刺激反应理论和交互作用理论为基础的。

（1）刺激反应理论。

刺激反应理论认为现实环境是我们很重要的感觉信息源。这种信息既包括较为简单的信息，如光线、色彩、声音、噪声、热和冷等，也包括复杂的刺激，如房屋、街道、室外环境和其他人等。环境刺激可以有两种变化，即数量和意义。数量上它可以是强度、持续时间、频率和发生源的数目等在维度上的明显变化；意义是由我们对这些环境刺激的心理学评价得到的，例如我们的想法、社会的交互作用、工作的效能、情感，甚至包括由于刺激场和我们对它反应的方式所造成的健康问题等。

（2）交互作用理论。

强调人和景观环境均是一个相互包含的实体的一部分，这意味着不论是人还是环境，不可能不参照对方而单独定义，并且一方的活动必然影响另一方，人们影响环境，环境影响人们。交互作用理论强调在一个共同的、复杂的系统当中，社会的、社交的和个体的因素动态地交互作用，行为被看作是既有短期目标也有长期目标的许多可能发展中的平衡部分，交互作用理论代表了环境心理学中高级的和较理想的理论。

2.5　景观评价派别

公路隧道景观好坏的判断，需要审美主体的感知体验，需要接受社会的普遍评价。景观评价是找出景观被感受的美感，根据景观的视觉质量排定景观的等级，表达对景观的偏好，或评定不同规划方案产生改变所造成的影响。

景观评价是景观研究的中心问题，也是合理地进行景观规划的基本依据。

20 世纪 60 年代，随着旅游资源的不断开发，一些景观或工程设计师有意识地将景观设计融入工程建设中，因此对景观的认识和评价逐渐得到了专业人士的普遍关注，相关专业人士开始对景观评价进行探索研究，经过很长一段时间的发展研究，逐渐形成了较为公认的四大评价学派。

2.5.1 专家学派

专家学派的代表人物是 Litton，评价原则是凡是符合形式美的景观都具有较高的风景质量。景观评价工作以受过专业训练的观察者或者专家为主体，以艺术、设计、生态学以及资源管理为理论基础对景观进行评价。专家学派强调形体、线条、色彩和质地四个基本元素，决定了风景质量的重要性，以"丰富性""奇特性""统一性"等形式美原则作为风景质量评价的指标，有的则以生态学原则为评价依据。因此，又把专家学派分为生态学派和形式美学派。

生态学派认为景观的质量是与自然生态系统和谐共生的，只要人类与自然、生物等保持和谐，则景观就可保持良好的质量。它以生态学理论为依托，致力于寻求能与自然生态环境和谐的景观。

形式美学派认为美学价值是景观对象所固有的，它通过几个专业人士对各景观要素进行分析评价，并综合各要素的评价结果得到景观的整体评价。其是对景观要素的客观评价，但是它侧重于对"景"的评价，带有纯美学的封闭性。

现有专家评价系统是通过风景景观分类、风景质量综合评价及视觉影响评估来进行风景视觉资源价值评估的，评价过程如图 2-17 所示。

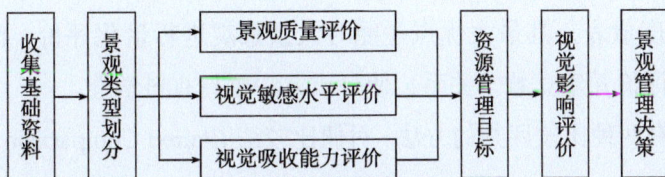

图 2-17　专家评价过程图

专家学派直接为土地规划、风景管理及有关法令的制定和实施提供依据，较多应用在英、美等国家的风景评价研究及实践中。如美国土地管理局的视觉资源管理就较多地运用于大规模区域视觉资源规划与评价的工程实践中；美国联邦公路局的视觉影响评价系统（Visual Impact Assessment，VIA）适用于评价更大范围的景观类型，主要目的是评价人的活动（如建筑施工、道路交通等）对景观的破坏作用，以及如何最大限度地保护景观资源等。

专家学派的景观评价方法最突出的优点在于它的实用性，长期以来，在土地利用规划、景观规划以及景观资源管理等各个领域都获得成功应用。但是，基于少数专家的观点，以形式美原则及有关生态学原则为依据的景观评价，在可靠性和有效性等方面存在一定的不足。

2.5.2　心理物理学派

心理物理学派的主要思想是把风景与风景审美的关系理解为刺激 - 反应的关系，将心理物理学的信号检测方法应用到景观评价。心理物理学派主张以群体的普遍审美趣味作为衡量景观质量的标准，通过测量公众对景观的审美态度，得到一个反映景观质量的量表，然后将这一量表同景观要素之间建立定量化的关系模型——景观质量评价模型。景观质量评价模型需要测量公众的平均审美态度（即风景美景度）和构成景观的各成分。其中美景度评判法（Scenic Beauty Estimation procedure，SBE）和 比 较 评 判 法（Law of Comparative Judgment，LCJ）在景观评价中应用最多，并且是公认的两种最有效的方法。

SBE 法以照片或者幻灯片作为评判测量的媒介，依照评价准则，让评判者给每张照片中的景观按评分准则逐项评分，最后给出一个反映各景观优美程度的美景度量表，其最大优点是能对大量景观进行量化评价。因其联系了主观与客观评价并建立数学关系，使得该方法更具有科学性。

LCJ 法有两种比较评判的方法：对偶比较法 (Paired Comparison Method) 和等级排列法 (Ranking Procedure/Rank Order Method)。对偶比较法先对需要评价的景观样点取照片，通过照片之间的两两比较，让参与评价者挑出较喜欢的一张，如此反复地进行比较和挑选，使照片都有与任何其他样点配对的机会。最后，根据每一照片被选中的概率来决定风景的优劣程度。

心理物理学方法多用在森林景观评价及景观管理、远景景观评价以及娱乐景观评价中。许多研究都证明了不同风景评价者及团体之间存在着高度的一致性，又由于该方法把审美态度测量同风景成分的定量分析结合起来，实现了用数字模型来评价和预测风景质量，而且本身具有一整套的检验方法，使该风景评价方法具有很高的灵敏性、有效性和实用性。由于心理物理学方法要求景观成分的严格定量，因而景观评价模型的应用范围受到限制，同时因强调公众的平均审美水平，而忽视了个性及文化、历史背景对景观审美过程的影响。

2.5.3　认知学派

认知学派认为景观是人类的生存和认知空间，应该以进化论思想为基本依据，从生存需求方面对景观优劣进行评判，一般采用未知性、危险性等专业术语或人们对景观的感觉（安全、恐慌等）来评价景观质量，著名的理论有"瞭望 - 庇护理论""情感唤起理论"等。

在"瞭望 - 庇护"理论中，人与动物之间的本质区别并没有反映出来，它只强调了人的生态需要和生物功能在认识、评价风景时的作用，而该理论则只反映了自然人的一面，忽视了社会人的一面。

在"情感唤起"理论中，人的景观评价取决于其初级情感反应，而这种反应又是由人的皮质电位及自组织神经系统所控制，这就意味着景观评价可以通过生理测试手段（脑电图、心电图等）来实现，从而克服了用语言来表达和描述风景知觉所带来的误差。

认知学派强调个人的主观感情与理解，把景观认知看作人与环境的亲密接触。认知学派评价结果只停留在抽象的概念上，缺乏评价结果与客观环境之间的明确联系，因此使用范围受到严格限制。

2.5.4　经验学派

经验学派强调人在景观评价过程中所具有的主观作用，不研究景观本身优劣，而把评价结果看作评价主体的文化修养、兴趣爱好等方面的侧面体现。其研究一般采用考察文学艺术家们关于景观的作品或者旅游日记等方法来评价景观，同时也有采用调查问卷等方式来收集人对景观的感受和评价，但这种调查方法与心理物理学派具有本质区别，心理物理学派只需针对被测试者对景观的打分进行比较即可，而经验学派则要详细地描述人的背景、经历及对景观的具体感受，其目的是分析景观价值产生的背景环境。

通过上述分析研究，四大学派各有其优势及特点（表2-7），但相互之间并不矛盾，而是相互补充的，近年来又有相互融合的趋势，如：专家学派最大的优势在于其实用性，但评价主体为专家学者，其是否能够代表公众的平均审美标准受到了质疑，而心理物理学派评判群体为普通群众，具有较强的代表性，但评价体系过于庞大，需要花费大量时间，实用性较差，而两者的相互融合，可以使其适用性得到中和，实现权威与公众的有效结合。

表 2-7　四大评价学派特点分析与对比

对比点	专家学派	心理物理学派	认知学派	经验学派
对景观价值的认识	景观价值在于其形式美或生态学意义	景观价值主要体现在审美主体与审美客体之间的相互作用	景观价值在于人的进化意义	景观是人的历史文化背景、兴趣爱好的一种体现
人的地位	景观是独立于人而客观存在的事物，人只是景观的欣赏评价者	人与景观具有平等的地位	从人的生存、需要出发，解释景观	人对景观评价具有绝对的主导作用
对客观景观的把控	从"基本元素"方面分析景观	从"景观成分"要素分析景观	用"维量"（复杂性、神秘性）等分析景观	把景观作为人或团体的一部分，整体把握

公路隧道洞口景观
综合评价体系

Tunnel Aesthetics
Landscape Evaluation and
Design of Highway Tunnels

隧道美学
公路隧道景观评价与设计

公路隧道洞口景观评价为事前评价，发生在公路建设项目的决策阶段。通过对项目实施后可能带来的景观环境影响进行评估，发现可能存在的问题并采取相应的措施，这对指导后续设计与施工，减少或避免项目建设对景观环境产生的负面影响有重要作用。

目前国内外对公路隧道洞口景观的关注度较少，既有的隧道洞口景观设计中未能将功能、景观环境、美学等进行综合性评价，关于隧道洞口景观是否因设计过于华丽而分散驾驶员注意力进而影响行车安全的评价研究几乎没有涉及，另外，对洞口景观的美学评价也主要是从静态视觉效果进行考虑，忽略了审美主体的动态视觉特征。

针对目前的隧道洞口设计的现状，本书提出了以动静结合的方式对隧道洞口设计进行综合评价，即依据设计院提供的基本设计资料，邀请专家从静态的角度对隧道洞口的功能、景观环境进行评价；同时基于驾驶员的动态视觉特性，开展驾驶模拟试验，对公路隧道洞口设计美学指标和运营期安全性进行评价分析。本章选用模糊数学综合评判作为公路隧道洞口景观评价基本框架，利用层次分析法、模糊数学理论、德尔菲法及驾驶模拟技术，构建了一套定量化的隧道洞口景观综合评价体系，以期为改善公路隧道洞口景观设计提供科学方法和技术手段。

3.1　公路隧道洞口景观评价的影响因素

公路隧道洞口景观设计是技术与艺术的结合，既需要感性的创作，又需要理性的分析，同时也离不开技术的支持。公路隧道洞口景观设计、评价都必须考虑和分析影响隧道洞口景观的各类因素，这些影响因素决定了设计的走向、评价的方向，因此只有对这些因素全面考虑、相互平衡，设计和评价结果才可能更加全面、合理。

隧道景观造价通常只占隧道总造价较少一部分，因此在景观评价中不考虑隧道洞口景观造价成本，本节主要从四个方面开展因素调查与分析研究。

3.1.1　功能因素

公路隧道洞口景观作为隧道工程的一部分，决定了其与一般景观不同，具有一定的特殊性，即不能抛弃其实用性而单纯追求视觉审美带来的精神享受，必须考虑功能作用，将物质与精神、功能与审美有机地结合。

公路隧道洞口景观的功能主要体现在防护功能和运营功能两个方面。

（1）防护功能。

防护功能也是隧道洞门结构的基本力学功能，主要用于承受背后山体的压力，稳定边仰坡。图 3-1 和图 3-2 所示的隧道洞口分别采用直线形和台阶式的墙式洞门结构，这与背后的山体走势一致，适用于仰坡陡峭地形、山凹地形或斜交地形的狭窄地带，承受背后土体压力，支挡边仰坡，引离地表水，保证洞口安全的行车路况。洞口塘隧道（图 3-3）和西山隧道（图 3-4）采用棚洞式洞门结构，可以避免线路发生落石雪崩等危害，同时可以减少边坡防护工程量和降低边坡高度。

图 3-1　平耶 1 号隧道

图 3-2　金龙隧道

图 3-3　洞口塘隧道

图 3-4　西山隧道

（2）运营功能。

运营功能指通过合理的洞门结构设置可以缓和洞内外亮度差异，上海长江隧道（图 3-5）、桃关一号隧道（图 3-6）采用了遮光棚式洞门，可以减弱或消除隧道进洞的"黑洞"和出洞的"白洞"效应；通过中央分隔带种植植物可降低对向往来车辆灯光对驾驶员造成的眩晕感，如图 3-7、图 3-8 所示，提供安全舒适的行车视觉环境；另外，经过艺术装饰设计的隧道洞口景观可以增加驾驶员在行车过程中的兴趣点，给人以美的享受，缓解长时间驾驶过程造成的视觉疲惫感。

图 3-5　上海长江隧道

图 3-6　桃关一号隧道

图 3-7　德国下英格堡隧道

图 3-8　油房坪隧道

总体而言，功能因素虽是隧道洞口景观重要影响因素，但却不是隧道洞口景观的限制因素。大量工程实际案例证明，在保证隧道洞口功能需求的前提下，仍可以营造出一种优美、和谐、舒适的隧道洞口景观环境，实现隧道洞口景观"稳"与"美"的完美结合。

3.1.2　环境因素

隧道洞口景观环境影响因素包含自然环境、人文环境、社会环境 3 个方面。

（1）自然环境。

我国古代伟大的哲学家、思想家一致认为大自然是一个具有生命的世界，任何事物都具有其存在的意义，天地万物生死与共、休戚相关。人们在欣赏自然美的同时，能够体会到人与万物统一的境界，人类在认识自然、改造自然的过程中，应对自然世界给予充分的尊重与保护。

自然环境主要包含地形地貌、自然植被、水体等因素。隧道洞口景观设计之初应对景观附近的地形地貌进行详细的考察，充分发挥其有利因素。景观区域的自然植被是生态系统的重要组成部分，是经过漫长时间而逐渐形成的，是景观区域的重要保护资源。景观设计前应对区域内的自然植被进行充分的调研，包括植物的种类、覆盖率、生长情况等，对于生长旺盛、形态优美的植物应加以保护利用，对于影响景观质量的植物，去除或移栽不会对生态环境产生较大影响时，可以进行适当的处理。隧道洞口附近及背后山体可能存在水体，设计过程中要对水体的水文条件进行详细的调查，包括水量、水体分布位置等，隧道洞口景观不同于其他景观可以利用水体营造水景观，应尽量保证修建过程中不对水体产生较大的影响。

隧道洞口景观需要调节人与自然的关系，保护生态平衡，保留大自然的原始元素是生态环境保护最有效、最直接的办法。我国伟大哲学家提出了"道法自然"的哲学理念，其意思即为尊重自然、顺应自然规律则可与大自然和谐相处，违背自然规律则会与大自然相抵触。因此，隧道洞口景观设计应以绿色生态为主导，以可持续发展为目的，注重保护和尊重自然，遵从自然规律和生命法则，影城隧道（图 3-9）和黄沙岭隧道（图 3-10）洞口能很好地融入周围环境之中，并与周围山体协调，边仰坡刷坡防护的同时注重自然生态的保护和植被恢复，取得了理想的自然景观效果。

图 3-9　影城隧道

图 3-10　黄沙岭隧道

隧道洞口景观修建过程应注重保护自然的生态平衡，与自然和谐相处，严格履行可持续发展的理念，对可利用资源进行合理的规划，减小资源损失。然而，隧道洞口景观建设过程仍不可避免地会对生态系统产生一定影响，景观建设过程中应适时、合理、科学地采取措施，一方面尽可能降低景观修建过程对生态环境的负面影响，另一方面积极恢复隧道洞口修建过程对生态环境系统造成的破坏。

（2）人文环境。

源远流长的五千年历史文化是人类瑰宝，也是时代发展的必然产物。地域文化是一个区域经过历史的洗礼，区别于其他区域特有的宝贵资源。文化与艺术的有机结合是景观设计中常用的表现手法，可以使景观具有鲜明的艺术特征，不仅能够描绘当地的风土人情，同时体现了生机勃勃的精神风貌，展现了人们对生活、对美的不懈追求与努力。

地域文化的差异性是景观设计发展的基础，其独特性和艺术性是地域文化赋予景观设计的最主要特征。隧道洞口景观设计过程中应注重解决好文化环境与整体布局风格的协调一致性，在保证整体风格一致的前提下，有意识地将当地文化融入隧道洞口景观设计之中，充分地展现当地的风土人情、历史文化，使区域人产生认同感和归属感，也有利于构造多元化的地域隧道洞口景观。例如，苏州住宅吴越建筑采用白墙黑瓦的形式，映射小桥流水，犹如一幅幅浓郁的山水画，尽显"清静""淡雅"之风（图 3-11）；马鞍山隧道的端墙顶部则采用楼阁的形式，巧妙结合了吴越建筑风格特点，彰显了当地源远流长的吴越文化（图 3-12）。

图 3-11　吴越建筑

图 3-12　马鞍山隧道

藏族建筑外墙色彩丰富而又鲜艳，常常使用白色、红色等原色，大面积涂抹使建筑色彩纯净而艳丽、质朴而壮美（图 3-13）。嘎拉山隧道则将浓郁的藏族文化融入隧道洞门形状、色彩中，尽显雄健豪放又不失典雅的地域之风（图 3-14）。

图 3-13　布达拉宫

图 3-14　嘎拉山隧道

（3）社会环境。

隧道洞口景观的修建在某种程度上是对环境资源的一种占用，有时候不可避免地会对附近居民产生一定的影响，主要体现在对居民住宅的影响、对农业生产的影响、对生活设施（供水、供暖、供电）的影响等方面，但相对于对自然环境等不可恢复的影响，隧道景观的修建对社会环境影响较小，一般可以通过一定的经济补偿来解决。

3.1.3　美学因素

21 世纪是大经济审美时代，审美逐渐渗入人们生活的各个方面。提到景观，人们第一个联想到的词汇可能就是"美"。隧道洞口景观之美不仅仅是狭义上的洞口造型之美，而是多角度的视觉范围内的所有个体融合之美，隧道洞口景观布局应着重考虑与周边环境浑然一体。总体而言，隧道洞口景观之美应具有简、整、奇、韵的视觉审美特征。

（1）简，即美的形式应简洁、大方，给人简单明了的印象。如图 3-15 所示，协荣隧道洞门简单大方而又庄重。

图 3-15　协荣隧道

（2）整，隧道洞口景观常常是动态地呈现给驾乘人员，因此在隧道洞口景观设计时应忽略细微的变化，形不琐碎、无枝杈，整齐划一，舍弃不必要的细节，如图 3-16 所示的石佛寺一号隧道洞门景观，采用了简约的弧线洞门墙设计，省略了细节装饰，只取其简单的造型。

图 3-16　石佛寺一号隧道

（3）奇，指的是改变常规形状，造型设计新颖奇特，给人焕然一新的感觉。如图 3-17 所示的大榕树隧道洞口景观，洞门造型改变了常规的端墙式、削竹式洞门形状，采用曲线式洞门，给人一种新颖独特、轻盈秀美的感觉。

（4）韵，指隧道洞口景观形象通过一定的装饰艺术，采用造型、线条、色彩、构成等方式展现出明暗、曲直、冷暖等有序的节奏变化且具有一定的连贯性，如图 3-18 所示的雀儿山隧道，洞门采用仿石营造崖壁错落之感，完美融入了壮美甘孜的自然景象，仿佛游历在山川之巅，给人一种"人在车中坐、车在景中游"的体验。

图 3-17　大榕树隧道

图 3-18　雀儿山隧道

3.1.4　其他因素

人类本身构成了景观评价的重要影响因素，其中包含了人与自然的关系以及评价者的认知。人类从早期被环境主导并屈从于自然，逐渐发展成人与自然和谐共生的新局面。在综合性景观生态中，人作为生态环境中的组成部分，与景观要素相互作用，其中融入了历史文化和民族传统，各组成要素在不断变化中维持平衡，人类同样应遵循自然生态的整体运行规律。评价者的认知决定了对景观的感知方式和理解深度，同一种景观，有的人看到的是客观、理性的现实景象，有些人则凭借直觉感知景象背后的意境。不同社会环境、社会经济、技术、政治背景下的人，对于景观的感知存在差异性。另外，决策者的认知同样决定了景观设计的长期利益，新时代公路隧道景观应符合高质量和绿色可持续发展的要求。

3.2　评价指标的选取

3.2.1　评价指标选取原则

公路隧道洞口景观是一个多学科集成体，涉及因素较多且较为复杂，评价指标选取过多容易出现重复性问题，而评价指标过少则代表性较差。因此，要建立一个比较系统、科学的评价体系，必须对隧道洞口景观有充分的认识和理解。公路隧道洞口景观评价指标的选取必须遵循以下原则。

（1）系统性原则。

公路隧道洞口景观评价是一个跨学科的、综合性研究领域，评价指标的选取应能全面反映隧道洞口景观的整体性能，评价指标选取必须层次清楚、逻辑关系明确、相互关联，使整体评价性能大于各个分项指标的简单叠加，评价指标的选取要全面且系统。

（2）科学性原则。

评价指标的选取应以专业的理论知识及实际工程经验为指导依据，所选指标应科学合理，有一定的意义，保证评价结构的客观合理性。

（3）代表性原则。

公路隧道洞口景观评价涉及因素较多，若全部考虑势必会造成评价指标体系过大，甚至导致评价过程出现错误，因此隧道洞口景观评价指标应选取具有代表性、能够充分说明问题的因素，既能够提高评价结果的可靠性，又能减小工作量，达到事半功倍的效果。

（4）独立性原则。

公路隧道洞口景观评价指标选取应力求简洁、明了，各指标之间应尽量独立，若各指标之间重合性较大会对评价结果产生一定影响。

（5）实用性原则。

公路隧道洞口景观评价指标选取应注意可操作性与实用性，便于景观评价者的理解与掌握。如果最终选取的指标无法获取和评价，或者评价指标没有任何实际意义，那么这个评价指标的选取是失败的，最终的评价结果也是毫无意义的。

3.2.2　评价指标选取方法

为了减小选取指标的主观性，采用问卷调查来征询中国隧道行业专家对指标选取的意见，目前关于征询意见的调查问卷的常用方法有头脑风暴法和德尔菲法两种。

（1）头脑风暴法。

头脑风暴法（Brain Storming）也称智力激励法，是针对一定问题，召集有关人员参加小型会议，在融洽轻松的会议气氛中，与会者敞开心扉，各抒己见，自由联想，畅所欲言，互相启发，互相激励，使创造性设想发生连锁反应，从而获得众多解决问题的方法。

（2）德尔菲法。

德尔菲法能够消除成员之间的相互影响，采用匿名的方式反复多次征询专家的意见和进行背靠背的交流，以充分发挥专家的智慧、知识、经验，最后汇总得到一个比较能反映群体意志的预测结果，具有专家匿名发表意见、多次反馈和统计汇总等特点。因此本次指标选取以及后期指标权重确定均采用德尔菲法。

3.2.3　评价指标初选

公路隧道洞口设计质量影响因素主要包含：功能因素、环境因素、美学因素和经济因素。隧道景观造价通常只占隧道总造价较少一部分，因此在评价中不考虑公路隧道洞口景观造价成本，即经济因素。初步构建了以功能、环境、美学为准则层的公路隧道洞口设计综合评价体系，并进一步将功能、环境准则层细化为防护功能、运营功能、自然环境、人文环境、社会环境 5 项子准则层以及 16 项指标层，指标初选分类结果及其含义如表 3-1、表 3-2 所示。

表 3-1 公路隧道洞口景观评价指标初选分类表

目标层	准则层	子准则层	指标层
公路隧道洞口景观质量评价 A_1	功能 B_1	防护功能 C_{11}	稳定边仰坡 D_{111}
			防止落石、雪崩等灾害 D_{112}
		运营功能 C_{12}	引排地表水 D_{121}
			减小洞口亮度 D_{122}
			降低眩晕感 D_{123}
			指示诱导功能 D_{124}
			标志作用 D_{125}
	环境 B_2	自然环境 C_{21}	对地形、地貌的影响 D_{211}
			对自然植被的影响 D_{212}
			对水体的影响 D_{213}
			对野生保护动物的影响 D_{214}
		人文环境 C_{22}	展示地域文化 D_{221}
			与周边环境的协调性 D_{222}
		社会环境 C_{23}	对居民住宅的影响 D_{231}
			对农业生产的影响 D_{232}
			对生活设施的影响 D_{233}
	美学 B_3	—	—

需要注意的是，上述景观评价未将运营期的安全性作为准则层，因为运营期的安全性要求隧道洞口景观设计方案不会引起驾驶员过大的生理和心理起伏，进而导致驾驶分心、影响正常驾驶行为，给正常驾驶增加安全隐患。如果隧道洞口景观设计方案在驾驶试验中出现了安全隐患，即使洞口功能完善、景观优美，也不能作为最终实施方案。因此，对公路隧道洞口景观设计在运营期的安全性进行单独评价，并以此作为洞口景观设计综合评价的前提。

表 3-2　公路隧道洞口景观评价指标含义表

指标名称	指标含义
稳定边仰坡 D_{111}	隧道洞门承受背后土压力，稳定边仰坡的能力
防止落石、雪崩等灾害 D_{112}	隧道洞门结构减少道路受到落石、雪崩等自然灾害的能力
引排地表水 D_{121}	隧道洞口排水沟等设施将地表水引离隧道的能力
减小洞口亮度 D_{122}	隧道洞口通过采取在洞门前方设置遮光棚等结构或对洞门壁面肌理处理等措施来减小洞外亮度，改善驾驶员的视觉条件
降低眩晕感 D_{123}	隧道中央分隔带通过种植植物等措施降低驾驶员眩晕感，保证驾驶员眼睛的舒适性、视觉安全性
指示诱导功能 D_{124}	隧道通过标志标线、警示灯等指示引导车辆安全驶入隧道
标志作用 D_{125}	利用当地的风景名胜或区域地名等来对隧道进行命名，起到特定的标志作用
对地形、地貌的影响 D_{211}	隧道洞口开挖施工对地表、地层的破坏程度
对天然植被的影响 D_{212}	隧道洞口修建过程刷坡等施工环节对植被的影响
对水体的影响 D_{213}	隧道洞口景观修建过程对地下水、地表水等污染程度
对野生保护动物的影响 D_{214}	隧道洞口景观修建对野生保护动物生存环境及其自身的影响
展示地域文化 D_{221}	隧道洞口景观通过特殊的造型、材质、肌理处理方法等向隧道使用者传递地域文化
与周边环境的协调性 D_{222}	人文因素的表现形式及手法与整体环境是否协调
对居民住宅的影响 D_{231}	对隧道洞口附近居民住宅影响（拆迁补偿及再安置等）
对农业生产的影响 D_{232}	隧道洞口景观修建及后期运营过程对当地居民农业生产的影响
对生活设施的影响 D_{233}	景观修建对水、暖、电等生活基础设施的影响

3.2.4　评价指标筛选

为了减小选取指标的主观性，采用德尔菲法征询中国隧道行业专家对指标重要程度的意见，并采用李克特 5 点量表法进行打分，其中 5 分代表非常重要，1 分代表非常不重要，2 ~ 4 分介于两者之间，专家主要来自国内相关知名院校及相关设计单位，其中院校专家 10 人，设计单位专家 5 人，如

图 3-19 所示。问卷有效回收率 100%，隧道洞口景观评价指标调查问卷详见附录 A。在此特别说明，准则层"美学"没有再细化分指标层，是因为在考虑隧道洞口美学时，多采用"整体协调性、多样性、独特性、自然性"等感性指标进行描述，无法有效地量化。驾驶员在通过隧道洞口时，在短暂的十几秒中，无法让通行者细细品味洞口景观后再进行评价，它留给人的是一瞬间的感受，因此文中针对公路隧道洞口景观的美学指标，采用驾驶模拟试验进行分析，但依旧对准则层的美学重要程度进行了评价，最终评价结果如表 3-3 所示。

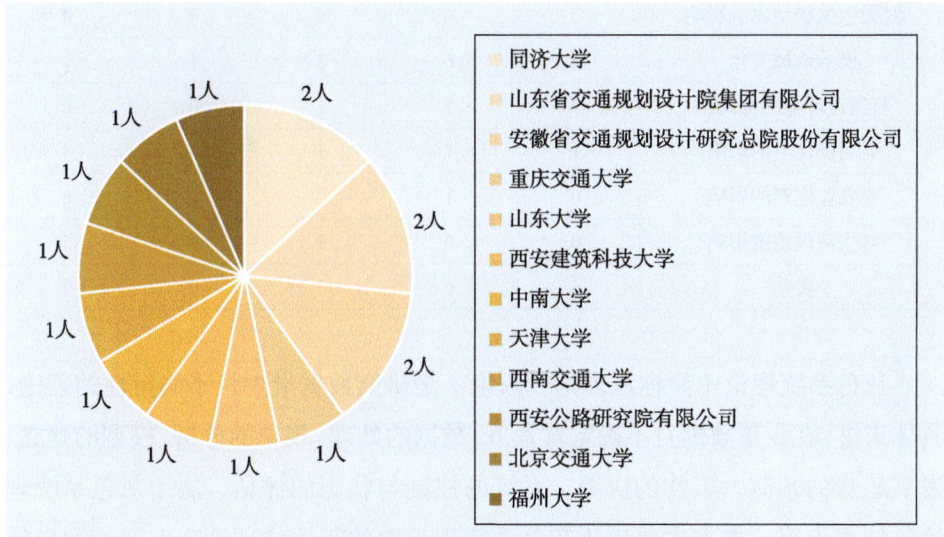

图 3-19 调查问卷专家分布图

表 3-3 公路隧道洞口景观指标重要程度得分统计表

初选评价指标	得分人数				
	5分	4分	3分	2分	1分
稳定边仰坡	13	2	0	0	0
防止落石、雪崩等灾害	11	3	1	0	0
引排地表水	10	5	0	0	0

续上表

初选评价指标	得分人数				
	5分	4分	3分	2分	1分
减小洞口亮度	7	6	2	0	0
降低眩晕感	6	5	3	0	1
指示诱导功能	9	5	1	0	0
标志作用	1	8	4	2	0
对地形、地貌的影响	10	2	3	0	0
对自然植被的影响	9	3	2	1	0
对水体的影响	1	5	5	4	0
对野生保护动物的影响	3	6	4	2	0
展示地域文化	4	6	3	1	1
与周边环境的协调性	9	5	1	0	0
对居民住宅的影响	1	1	1	8	4
对农业生产的影响	0	1	2	6	6
对生活设施的影响	0	0	1	9	5
美学	6	6	3	0	0

灰色系统理论（简称灰理论或灰论）是研究数据量少且不确定性的理论，具体来讲，在少量数据且不确定背景下，数据的处理、现象的分析、模型的建立、发展趋势的预测、事物的决策、系统的控制与状态的评估，属于灰色系统理论的技术内容。本书主要应用灰色系统理论中的灰评估理论来对隧道洞口景观评价指标进行筛选。

根据灰色系统理论，将隧道洞口景观评价指标按"高""中""低"3种分类构建灰类白化分段函数。设 $f_k(ij)$ 为第 i 个指标 k 类函数白化值，$k=1,2,3$；σ_{ij} 为第 i 个指标重要程度得分为 j 的赋值，$\sigma_{ij}=j$，$i=1$，2，3，…，n；此处，j 为李克特5点量表法打分，即 $j=1,2,…,5$；$f_k(ij)$ 计算公式如式（3-1）~式（3-3）所示。

当 $k=1$ 时，即"重要程度为高"的白化值计算公式为：

$$f_1(ij) = \begin{cases} 1 & (\sigma_{ij} \geqslant 5) \\ \dfrac{\sigma_{ij}-3}{5-3} & (3 < \sigma_{ij} < 5) \\ 0 & (\sigma_{ij} \leqslant 3) \end{cases} \tag{3-1}$$

当 $k=2$ 时，即"重要程度为中"的白化值计算公式为：

$$f_2(ij) = \begin{cases} 0 & (\sigma_{ij} \geqslant 5) \\ \dfrac{5-\sigma_{ij}}{5-3} & (3 < \sigma_{ij} < 5) \\ 1 & (\sigma_{ij} = 3) \\ \dfrac{\sigma_{ij}-1}{3-1} & (1 < \sigma_{ij} < 3) \\ 0 & (\sigma_{ij} \leqslant 1) \end{cases} \tag{3-2}$$

当 $k=3$ 时，即"重要程度为低"的白化值计算公式为：

$$f_3(ij) = \begin{cases} 0 & (\sigma_{ij} \geqslant 3) \\ \dfrac{3-\sigma_{ij}}{3-1} & (1 < \sigma_{ij} < 3) \\ 1 & (\sigma_{ij} \leqslant 1) \end{cases} \tag{3-3}$$

假设 $\eta_k(i)$ 为第 i 个指标第 k 类灰类决策系数，其计算公式如式（3-4）所示：

$$\eta_k(i) = \sum n(ij) \times f_k(ij) \tag{3-4}$$

式中：$n(ij)$——第 i 个评价指标重要性赋值为 j 的专家数量。

分别计算每个评价指标"高""中""低"3 种灰类决策系数，即 $\{\eta_1(i)$，$\eta_2(i), \eta_3(i)\}$，则第 i 个指标的最终灰类为 k^*，k^* 满足式（3-5），依据灰类决策系数，剔除重要程度为"低"的指标。

$$\sigma_k = \max \eta_k(i) \tag{3-5}$$

以指标层中降低眩晕感为例，说明指标重要程度判定过程，由表 3-3 可知 15 名专家对降低眩晕感的评价结果为：5 分 6 人，4 分 5 人，3 分 3 人，2 分 0 人，1 分 1 人。

（1）假定重要程度为高，即 $k=1$。

由式（3-1）计算可得：

$$f_1(ij) = \begin{cases} 1 & (\sigma_{ij} \geq 5) \\ \dfrac{1}{2} & (\sigma_{ij} = 4) \\ 0 & (\sigma_{ij} \leq 3) \end{cases}$$

重要程度为高的灰类决策函数为：

$$\eta_1(i) = \sum n(ij) \times f_k(ij) = 6 \times 1 + 5 \times 0.5 = 8.5$$

（2）假定重要程度为中，即 $k=2$。

由式（3-2）计算可得：

$$f_2(ij) = \begin{cases} 0 & (\sigma_{ij} \geq 5) \\ \dfrac{1}{2} & (\sigma_{ij} = 4) \\ 1 & (\sigma_{ij} = 3) \\ \dfrac{1}{2} & (\sigma_{ij} = 2) \\ 0 & (\sigma_{ij} \leq 1) \end{cases}$$

重要程度为中的灰类决策函数为：

$$\eta_2(i) = \sum n(ij) \times f_k(ij) = 5 \times 0.5 + 3 \times 1 = 5.5$$

（3）假定重要程度为低，即 $k=3$。

由式（3-3）计算可得：

$$f_3(ij) = \begin{cases} 0 & (\sigma_{ij} \geq 3) \\ \dfrac{1}{2} & (\sigma_{ij} = 2) \\ 1 & (\sigma_{ij} \leq 1) \end{cases}$$

重要程度为低的灰类决策函数为：

$$\eta_3(i) = \sum n(ij) \times f_k(ij) = 1 \times 1 = 1$$

因为：

$$\eta_1(i) > \eta_2(i) > \eta_3(i)$$

所以：

$$\sigma_{1'} = \max \eta_1(i)$$

最终判定降低眩晕感评价指标重要程度为高，选择此指标。

同理可计算其他指标的灰类决策函数，其他指标计算结果如表 3-4 所示。

表 3-4 公路隧道洞口景观指标决策函数计算结果统计表

初选评价指标	决策函数			重要程度	是否选择
	$\eta_{高}$	$\eta_{中}$	$\eta_{低}$		
稳定边仰坡	14	1	0	高	是
防止落石、雪崩等灾害	12.5	2.5	0	高	是
引排地表水	12.5	2.5	0	高	是
减小洞口亮度	10	5	0	高	是
降低眩晕感	8.5	5.5	1	高	是
指示诱导功能	11.5	3.5	0	高	是
标志作用	5	9	1	中	是
对地形、地貌的影响	11	4	0	高	是
对自然植被的影响	10.5	4	0.5	高	是
对水体的影响	3.5	9.5	2	中	是
对野生保护动物的影响	6	8	1	中	是
展示地域文化	7	6.5	1.5	高	是
与周边环境协调性	11.5	3.5	0	高	是
对居民住宅的影响	1.5	5.5	8	低	否
对农业生产的影响	0.5	5.5	9	低	否
对生活设施的影响	0	5.5	9.5	低	否
美学	9	6	0	高	是

由最终的计算评价结果重要程度可知，社会环境中包含的 3 项指标，重要程度均较低，剔除该指标。分析原因主要是：一方面，隧道洞口景观修建过程虽对社会环境产生一定的影响，但并不是不可逆的，可通过一定的经济补偿进行弥补；另一方面，隧道选线时就已经确定了隧道洞口的位置，即使对居民生活产生一定的影响，但这个影响是选线的时候就已经客观存在，而不是后期景观设计所能决定的，因此隧道洞口景观不应对此负主要责任。

依据表 3-4 中的评价结果，最终以功能、环境、美学为准则层，并将功能、环境细化为 13 项评价指标，构成公路隧道洞口景观评价指标体系，如图 3-20 所示。

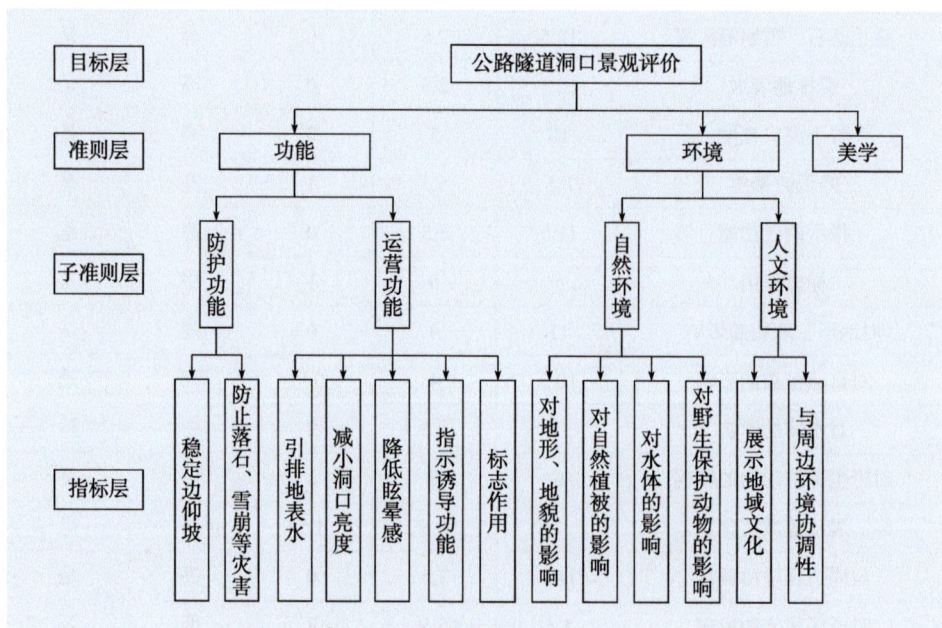

图 3-20　公路隧道洞口景观评价体系

3.3　指标权重的确定

3.3.1　层次分析法的基本原理

公路隧道洞口景观评价是一个典型的层次化、多指标的问题，各指标对于上一层次指标的重要程度不尽相同，这就需要我们确定评价指标的权重来反映其对公路隧道洞口景观影响的程度。只有将合理、客观的指标权重与指标评价结果进行综合，才能反映出上一层次指标所处的实际状态。

本书采用层次分析法基本理论计算各指标的权重，其主要思想是将复杂问题分解，并将要素支配到分组形成的阶梯化结构，然后进行层次化评判，具体步骤如下：

（1）构造判断矩阵。

对同一层次的各元素关于上一层次中某一准则的重要性进行两两比较，构造比较判断矩阵 $A_{\mathrm{def}}(a_{ij})$，例如准则层 B 对目标层 A 的判断矩阵如式（3-6）所示。

$$A = \begin{bmatrix} a_{11} & a_{12} & a_{13} & a_{14} \\ a_{21} & a_{22} & a_{23} & a_{24} \\ a_{31} & a_{32} & a_{33} & a_{34} \\ a_{41} & a_{42} & a_{43} & a_{44} \end{bmatrix} \tag{3-6}$$

式中：a_{ij}——要素 i 与要素 j 相比的重要性标度，其中 $a_{ii}=1$，$a_{ji}=1/a_{ij}$，标度定义见表 3-5。

表 3-5　判断矩阵的标度定义

标度	含义
1	两个要素相比，同样重要
3	两个要素相比，前者比后者稍重要
5	两个要素相比，前者比后者明显重要
7	两个要素相比，前者比后者强烈重要
9	两个要素相比，前者比后者极端重要
2、4、6、8	上述相邻判断的中间值
倒数	两要素相比，后者比前者的重要性标度

（2）计算各要素相对上层某元素归一化相对权重，$W^0=(W_i^0)$。

$$W_i=\left(\prod_{j=1}^{n}a_{ij}\right)^{\frac{1}{n}} \tag{3-7}$$

$$W_i^0=\frac{W_i}{\displaystyle\sum_{i=1}^{n}W_i} \tag{3-8}$$

（3）一致性检验。

通过计算 C.I. 与 C.R. 的比值进行一致性检验。

一致性指标：

$$\text{C.I.}=\frac{\lambda_{\max}-n}{n-1} \tag{3-9}$$

其中：

$$\lambda_{\max}\approx\frac{1}{n}\sum_{i=1}^{n}\frac{(AW)_i}{W_i}=\frac{1}{n}\sum_{i=1}^{n}\frac{\displaystyle\sum_{j=1}^{n}a_{ij}W_j}{W_i} \tag{3-10}$$

一致性比例：

$$\text{C.R.}=\frac{\text{C.I.}}{\text{R.I.}} \tag{3-11}$$

式中：R.I.——平均随机一致性指标，可通过查询表 3-6 得到。

表 3-6　R.I. 的取值表

n	1	2	3	4	5	6	7	8	9	10	11	12	13	14
R.I.	0	0	0.52	0.89	1.12	1.26	1.36	1.41	1.46	1.49	1.52	1.54	1.56	1.58

如果 C.R. < 0.1，则判断矩阵满足一致性要求，计算所得的特征向量可作为权重系数，同理可得其他层次相对于上层次中某一元素的权重。

（4）最后计算指标层各指标相对终极目标的权重。

3.3.2　层次分析法的组群判断

运用层次分析法进行问题分析时，评判者往往不是一个人，而是一个群体，特别是对于重大问题的决策，评判者可能是一个庞大专家组成的群体。在层次分析法中关于群组判断矩阵的计算方法常有以下 3 种。

（1）评分算术平均法。

设某评判者 k 对于某项指标 n 的判断矩阵有如下形式：

$$\boldsymbol{A}^{(k)} = \begin{bmatrix} a_{11}^{(k)} & a_{12}^{(k)} & \cdots & a_{1n}^{(k)} \\ a_{21}^{(k)} & a_{22}^{(k)} & \cdots & a_{2n}^{(k)} \\ \vdots & \vdots & \cdots & \vdots \\ a_{n1}^{(k)} & a_{n2}^{(k)} & \cdots & a_{nn}^{(k)} \end{bmatrix} \qquad （3\text{-}12）$$

式中：$a_{ij}^{(k)}=1/a_{ji}^{(k)}$ ；$a_{ii}^{(k)}=1$ ；i、$j=1$，2，3，$\cdots$，n。

如果评价者有 m 名，则会得到 m 个判断矩阵，评分算术平均法就是将各评判者对各元素的评分 $a_{ij}^{(k)}$ 取算术平均值：

$$\bar{a}_{ij} = \frac{\displaystyle\sum_{k=1}^{m} a_{ij}^{(k)}}{m} \qquad （3\text{-}13）$$

然后 $\bar{a}_{ij}$ 将形成新的判断矩阵如下：

$$\bar{\boldsymbol{A}} = \begin{bmatrix} \bar{a}_{11} & \bar{a}_{12} & \cdots & \bar{a}_{1n} \\ \bar{a}_{21} & \bar{a}_{22} & \cdots & \bar{a}_{2n} \\ \vdots & \vdots & \cdots & \vdots \\ \bar{a}_{n1} & \bar{a}_{n2} & \cdots & \bar{a}_{nn} \end{bmatrix} \qquad （3\text{-}14）$$

根据新的判断矩阵，计算各评价指标的权重。评分算术平均法比较简单但具有一定的缺陷，无法保证矩阵的互反性，使用过程中往往会破坏矩阵的相容性和整体性。

（2）评分几何平均法。

评分几何平均法与评分算术平均法有相似之处，都是先将群判断矩阵化简为一个判断矩阵，然后再计算评价指标的权重，所不同之处就是汇拢方法不同。评分几何平均法是通过几何平均法将专家打分得到的多个判断矩阵合并成一个判断矩阵，汇拢判断矩阵中各元素的计算方法如下：

$$\bar{a}_{ij}=\left[\prod_{k=1}^{m}a_{ij}^{(k)}\right]^{\frac{1}{m}} \tag{3-15}$$

评分几何平均法省略了对各专家评判矩阵的一致性检验，只需最后对合成的矩阵进行一致性检验即可，其可以保证矩阵的互反性，计算的权重结果准确性相对更高。

（3）权重算术平均法。

权重算术平均法就是分别计算每个评判者的评判矩阵对应的权重，并进行一致性检验，最后对不同评判者得到的权重取平均值作为评价指标的最终权重，计算方法如下：

$$\bar{w}_{i}=\frac{\sum_{k=1}^{m}w_{i}^{(k)}}{m} \tag{3-16}$$

式中：$w_i^{(k)}$——第 k 个评判者根据判断矩阵计算得到的第 i 个指标评判权重；

m——评判者人数。

权重算术平均法最大的特点就是对每个评判者的判断矩阵分别进行一致性检验，对于不合格者可以进行修正或剔除，但是评判者较多时计算量过于庞大，因此使用性受到了一定的限制。

3.3.3　指标权重调查结果分析

应用德尔菲法，邀请国内隧道行业知名院校及设计单位专家、相关工程技术人员对公路隧道洞口景观评价指标进行两两比较，从而获得判断矩阵，继而计算评价指标权重，公路隧道洞口景观评价指标权重调查问卷见附录 B。

调查群体包含：院校专家 10 人，设计单位专家 5 人，相关工程技术人员 15 人，共计 30 人，构成群组判断矩阵，采用评分几何平均法计算权重，最后按专家 70%+ 工程技术人员 30% 的比例，计算各评价指标的综合权重。

依据评判结果得到专家、工程技术人员评判准则层相对于目标层的判断矩阵，如表 3-7、表 3-8 所示。

表 3-7　准则层 B 对于目标层 A 的判断矩阵（专家）

目标层（A）	功能（B_1）	环境（B_2）	美学（B_3）
功能（B_1）	1	22/7	9/2
环境（B_2）	7/22	1	28/9
美学（B_3）	2/9	9/28	1

表 3-8　准则层 B 对于目标层 A 的判断矩阵（技术人员）

目标层（A）	功能（B_1）	环境（B_2）	美学（B_3）
功能（B_1）	1	52/9	17/3
环境（B_2）	9/52	1	20/9
美学（B_3）	3/17	9/20	1

计算专家评判矩阵对应权重如下。

（1）计算特征向量。

根据式（3-7）可得：

$$W_1 = \sqrt[3]{1 \times \frac{22}{7} \times \frac{9}{2}} = 2.418$$

$$W_2 = \sqrt[3]{\frac{7}{22} \times 1 \times \frac{28}{9}} = 0.997$$

$$W_3 = \sqrt[3]{\frac{2}{9} \times \frac{9}{28} \times 1} = 0.415$$

（2）特征向量归一化处理。

根据式（3-8）对特征向量进行归一化处理，可得：

$$W_1^0 = \frac{2.418}{2.418 + 0.997 + 0.415} = 0.631$$

$$W_2^0 = \frac{0.997}{2.418 + 0.997 + 0.415} = 0.260$$

$$W_3^0 = \frac{0.415}{2.418 + 0.997 + 0.415} = 0.109$$

（3）一致性检验。

$$\lambda_{max} \approx \frac{1}{n}\sum_{i=1}^{n}\frac{(AW)_i}{W_i} = \frac{1}{n}\sum_{i=1}^{n}\frac{\sum_{j=1}^{n}b_{ij}W_j}{W_i} = \frac{1}{3}(3.068 + 3.067 + 3.067) \approx 3.067$$

$$\text{C.I.} = \frac{\lambda_{max} - n}{n - 1} = \frac{3.067 - 3}{3 - 1} = 0.034$$

查表3-6可知，当n=3时，R.I.=0.52，则：

$$\text{C.R.} = \frac{\text{C.I.}}{\text{R.I.}} = \frac{0.034}{0.52} \approx 0.065 < 0.1$$

满足一致性检验，则向量W_{zhuan}=[0.631, 0.260, 0.109]^T 即为根据专家打分得到的准则层各指标的权重。

同理可根据技术人员打分得到的判断矩阵，计算准则层指标权重：

$$W_{ji} = [0.734, 0.167, 0]^T$$

最终计算的准则层相对于目标层的权重为：

$$W = 0.7W_{zhuan} + 0.3W_{ji} = [0.662, 0.232, 0.106]^T$$

准则层相对目标层权重分布如图3-21所示，由图可知，准则层中功能性指标权重值为0.662，是公路隧道洞口景观评价中最为重要的因素，这与我们一直提倡的隧道洞口景观设计应以"安全第一"为前提的设计原则相吻合；

美学权重值为 0.1 左右，说明人们在关注功能、环保的同时，也逐渐关注景观美学。

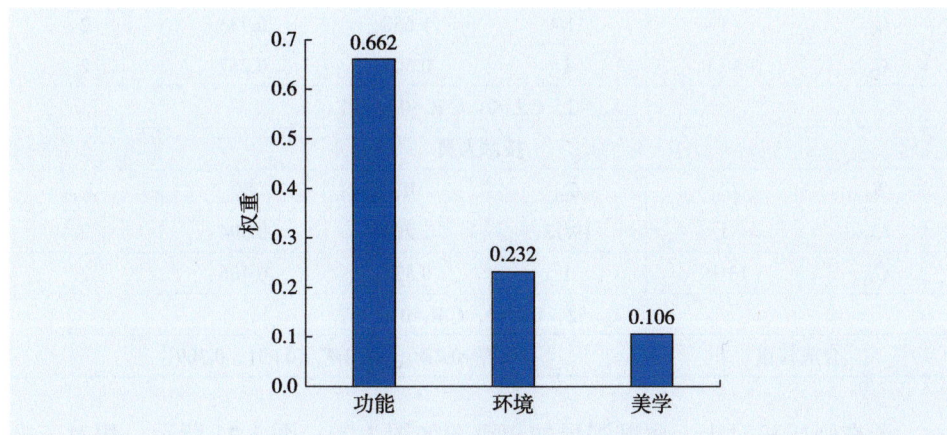

图 3-21 准则层相对目标层权重

同理，可计算子准则层相对于上属准则层的权重，计算结果如表 3-9、表 3-10 所示。

表 3-9 子准则层 C_{1i} 相对准则层 B_1（功能）的判断矩阵及权重

专家					
B_1	C_{11}	C_{12}	W_i	W_i^0	λ_{mi}
C_{11}	1	17/15	1.065	0.531	2
C_{12}	15/17	1	0.939	0.469	2
$\lambda_{max}=2$，C.I.=0，C.R.=0 < 0.1					
技术人员					
B_1	C_{11}	C_{12}	W_i	W_i^0	λ_{mi}
C_{11}	1	13/11	1.087	0.542	2
C_{12}	11/13	1	0.920	0.458	2
$\lambda_{max}=2$，C.I.=0，C.R.=0 < 0.1					
合成权重	$W=0.7W_{zhuan}+0.3W_{ji}=[0.534, 0.466]^T$				

表 3-10　子准则层 C_{2i} 相对准则层 B_2（环境）的判断矩阵及权重

专家					
B_2	C_{21}	C_{22}	W_i	W_i^0	λ_{mi}
C_{21}	1	11/4	1.658	0.733	2
C_{22}	4/11	1	0.603	0.267	2
$\lambda_{max}=2$，C.I.=0，C.R.=0 < 0.1					
技术人员					
B_2	C_{21}	C_{22}	W_i	W_i^0	λ_{mi}
C_{21}	1	19/13	1.209	0.594	2
C_{22}	13/19	1	0.827	0.406	2
$\lambda_{max}=2$，C.I.=0，C.R.=0 < 0.1					
合成权重	$W=0.7W_{zhuan}+0.3W_{ji}=[0.691，0.309]^T$				

　　子准则层相对于上属准则层的权重图如图 3-22、图 3-23 所示，相对于准则层中的功能，子准则层中防护功能权重为 0.534，运营功能权重为 0.466，两者权重几乎相等，说明保证运营安全也是隧道景观设计应该重点关注的问题；相对于准则层中的环境，子准则层中的自然环境权重为 0.691，人文环境权重为 0.309，自然环境的重要性明显高于人文环境，相对于历史文化的宣传，环境保护更受关注，隧道洞口景观设计应注重对自然环境的保护，有条件时可以适当挖掘人文环境资源。

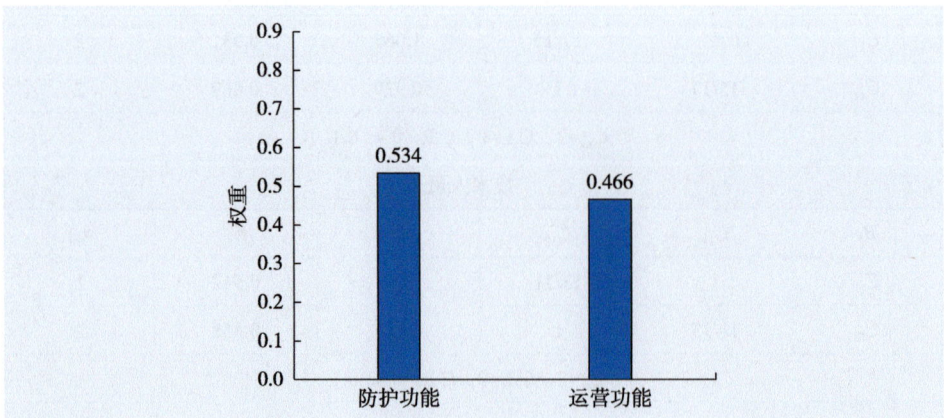

图 3-22　子准则层 C_{1i} 相对准则层 B_1 权重

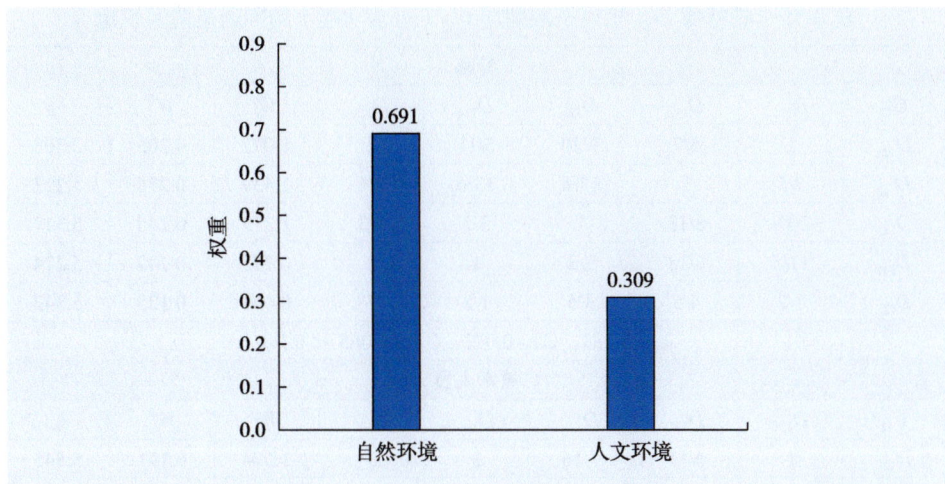

图 3-23　子准则层 C_{2i} 相对准则层 B_2 权重

　　按照上述方法计算指标层相对于上述子准则层的权重，计算结果如表 3-11~ 表 3-14 所示。

表 3-11　指标层 D_{11i} 相对子准则层 C_{11}（防护功能）的判断矩阵及权重

专家					
C_{11}	D_{111}	D_{112}	W_i	W_i^0	λ_{mi}
D_{111}	1	13/6	1.472	0.684	2
D_{112}	6/13	1	0.679	0.316	2
$\lambda_{max}=2$，C.I.=0，C.R.=0 < 0.1					
技术人员					
C_{11}	D_{111}	D_{112}	W_i	W_i^0	λ_{mi}
D_{111}	1	25/11	1.508	0.694	2
D_{112}	11/25	1	0.663	0.306	2
$\lambda_{max}=2$，C.I.=0，C.R.=0 < 0.1					
合成权重	$W=0.7W_{zhuan}+0.3W_{ji}=[0.687，0.313]^{\mathrm{T}}$				

表 3-12　指标层 D_{12i} 相对子准则层 C_{12}（运营功能）的判断矩阵及权重

专家								
C_{12}	D_{121}	D_{122}	D_{123}	D_{124}	D_{125}	W_i	W_i^0	λ_{mi}
D_{121}	1	5/7	9/20	5/11	2	1.072	0.205	5.308
D_{122}	7/5	1	13/8	13/6	5/4	1.439	0.276	5.223
D_{123}	20/9	8/13	1	3/2	5/3	1.279	0.245	5.317
D_{124}	11/5	6/13	2/3	1	2	0.775	0.149	5.274
D_{125}	1/2	4/5	3/5	1/2	1	0.654	0.125	5.342
λ_{max}=5.289，C.I.=0.072，C.R.=0.065 < 0.1								
技术人员								
C_{12}	D_{121}	D_{122}	D_{123}	D_{124}	D_{125}	W_i	W_i^0	λ_{mi}
D_{121}	1	4/11	7/16	3	3	1.074	0.191	5.545
D_{122}	11/4	1	5/4	4/3	8/3	1.650	0.293	5.414
D_{123}	16/7	4/5	1	21/8	16/5	1.727	0.307	5.123
D_{124}	1/3	3/4	8/21	1	19/9	0.726	0.129	5.416
D_{125}	1/3	3/8	5/16	9/19	1	0.450	0.08	5.131
λ_{max}=5.326，C.I.=0.081，C.R.=0.073 < 0.1								
合成权重	W=0.7W_{zhuan}+0.3W_{ji}=[0.201，0.281，0.264，0.143，0.112]^T							

表 3-13　指标层 D_{21i} 相对子准则层 C_{21}（自然环境）的判断矩阵及权重

专家							
C_{21}	D_{211}	D_{212}	D_{213}	D_{214}	W_i	W_i^0	λ_{mi}
D_{211}	1	13/11	7/3	4/3	1.385	0.333	4.102
D_{212}	11/13	1	9/5	14/9	1.241	0.299	4.015
D_{213}	3/7	5/9	1	5/3	0.794	0.191	4.156
D_{214}	3/4	9/14	3/5	1	0.733	0.177	4.153
λ_{max}=4.107，C.I.=0.036，C.R.=0.04 < 0.1							
技术人员							
C_{21}	D_{211}	D_{212}	D_{213}	D_{214}	W_i	W_i^0	λ_{mi}
D_{211}	1	3/2	9/5	2	1.524	0.362	4.036
D_{212}	2/3	1	14/9	4/3	1.084	0.258	4.105
D_{213}	5/9	9/14	1	21/8	0.984	0.234	4.209
D_{214}	1/2	3/4	8/21	1	0.615	0.146	4.172
λ_{max}=4.131，C.I.=0.044，C.R.=0.049 < 0.1							
合成权重	W=0.7W_{zhuan}+0.3W_{ji}=[0.342，0.286，0.204，0.167]^T						

表 3-14　指标层 D_{22i} 相对子准则层 C_{22}（人文环境）的判断矩阵及权重

专家					
C_{22}	D_{221}	D_{222}	W_i	W_i^0	λ_{mi}
D_{221}	1	2/3	0.816	0.400	2
D_{222}	3/2	1	1.225	0.600	2
λ_{max}=2，C.I.=0，C.R.=0 < 0.1					
技术人员					
C_{22}	D_{221}	D_{222}	W_i	W_i^0	λ_{mi}
D_{221}	1	3/4	0.866	0.429	2
D_{222}	4/3	1	1.155	0.571	2
λ_{max}=2，C.I.=0，C.R.=0 < 0.1					
合成权重	$W=0.7W_{zhuan}+0.3W_{ji}=[0.409，0.591]^T$				

　　指标层相对于上述子准则层权重图如图 3-24～图 3-27 所示。由图 3-24 可知，相对于子准则防护功能，指标层中稳定边仰坡权重为 0.687，防止落石、雪崩等灾害权重为 0.313，主要是因为边仰坡稳定是保证洞口行车安全的首要前提，而落石、雪崩等灾害还是比较少见，尤其是对于地势较缓的南方地段，但这并不代表其不重要，在需要考虑此项指标时，仍需重点设计不可忽略。

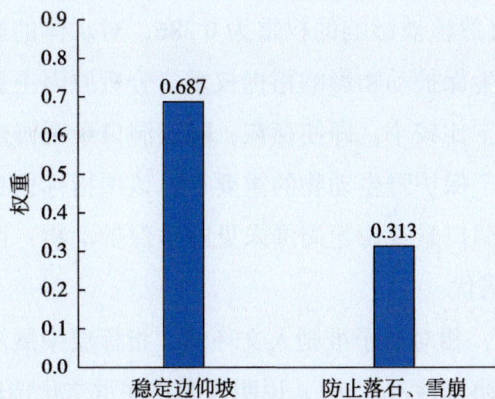

图 3-24　指标层 D_{11i} 相对子准则层 C_{11} 权重图

由图 3-25 可知，相对于子准则运营功能，减小洞口亮度权重为 0.281，降低眩晕感权重为 0.264，相比较其他指标权重较高，主要原因是这两个指标影响着行车安全；指示诱导功能、标志作用指标相对其他指标权重较低，在景观设计过程中，在无明确要求下可以不考虑。

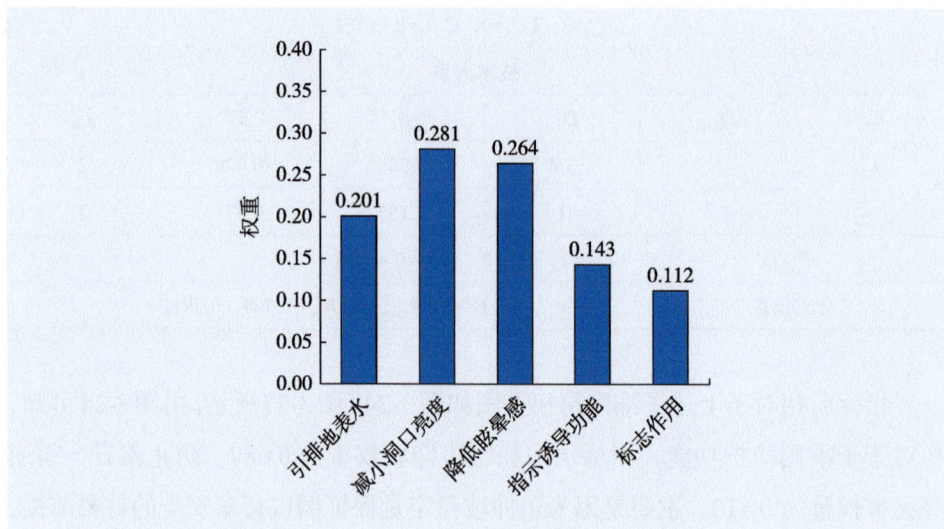

图 3-25 指标层 D_{12i} 相对子准则层 C_{12} 权重图

由图 3-26 可知，相对于子准则自然环境，指标层中对地形、地貌的影响权重为 0.342，对自然植被影响的权重为 0.286，对水体的影响权重为 0.204，指标权重高于对野生保护动物影响指标权重。分析原因主要为施工场地出现野生保护动物的概率比较小，即使存在，隧道洞口景观修建过程对其生存影响也非常小。但由于保护野生动物的重要性，该项指标仍在考虑范围，占有一定的地位，如果洞口景观修建周围未见野生保护动物，评价过程可以默认此指标评价结果为最优。

由图 3-27 可知，相对于子准则人文环境，指标层中展示地域文化权重为 0.409，与周边环境协调性占 0.591，说明人们在注重文化传递的过程更注重与周边环境的协调和整体布局。而为了传递文化，造成洞口环境与周边环境格格不入，就得不偿失。因此隧道洞口景观文化载体的设计必须着重考虑与整体环境的协调一致性。

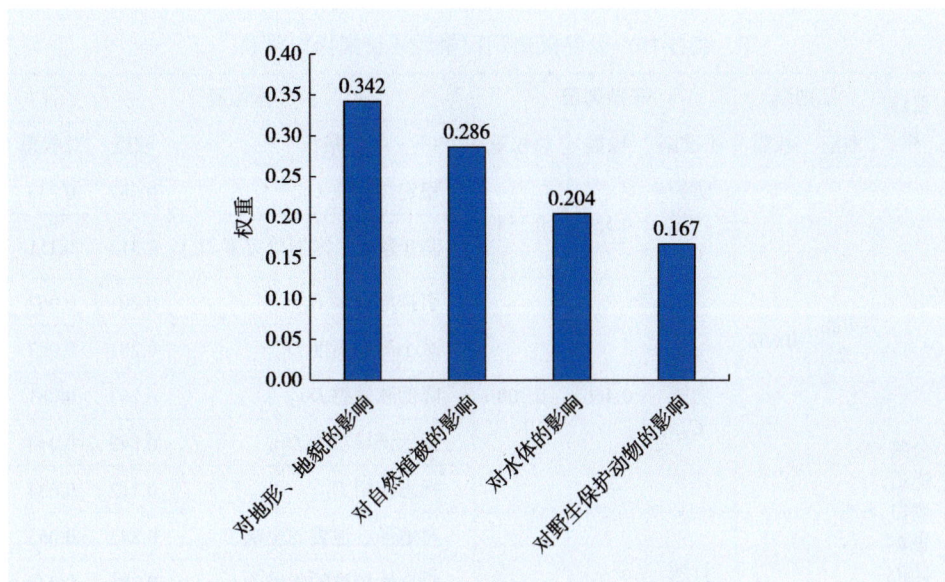

图 3-26　指标层 D_{21i} 相对子准则 C_{21} 权重图

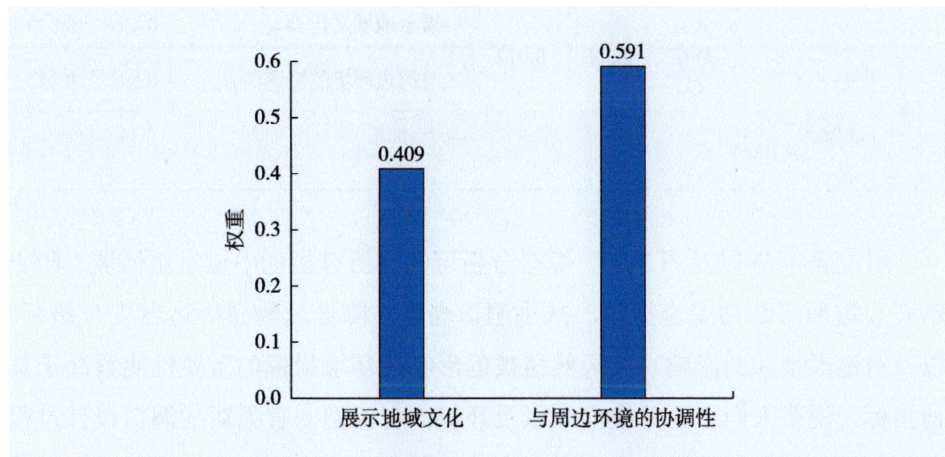

图 3-27　指标层 D_{22i} 相对子准则 C_{22} 权重图

采取逐层计算的方法，计算各指标层相对于目标层的合成权重。最终得到公路隧道洞口景观评价指标体系总权重如表 3-15 所示，总权重分布图如图 3-28 所示。

表 3-15　公路隧道洞口景观评价指标权重表

目标层	准则层		子准则层			指标层		
	准则	权重	子准则	权重	总权重	指标	权重	总权重
公路隧道洞口景观评价 A_1	功能 B_1	0.662	防护功能 C_{11}	0.534	0.354	稳定边仰坡 D_{111}	0.687	0.243
						防止落石、雪崩等灾害 D_{112}	0.313	0.111
			运营功能 C_{12}	0.466	0.308	引排地表水 D_{121}	0.201	0.062
						减小洞口亮度 D_{122}	0.281	0.087
						降低眩晕感 D_{123}	0.263	0.081
						指示诱导功能 D_{124}	0.143	0.044
						标志作用 D_{125}	0.112	0.034
	环境 B_2	0.232	自然环境 C_{21}	0.691	0.160	对地形、地貌的影响 D_{211}	0.343	0.055
						对自然植被的影响 D_{212}	0.286	0.046
						对水体的影响 D_{213}	0.204	0.033
						对野生保护动物的影响 D_{214}	0.167	0.027
			人文环境 C_{22}	0.309	0.072	展示地域文化 D_{221}	0.409	0.029
						与周边环境的协调性 D_{222}	0.591	0.042
	美学 B_3	0.106	—			—		

通过表 3-15 以及图 3-28，综合分析可知，所有指标中稳定边仰坡、防止落石与雪崩等结构安全指标，减小洞口亮度、降低眩晕感等运营安全指标，以及对地形地貌的影响、对天然植被的影响等环境指标的重要性明显高于其他指标，说明人们主要关注安全以及环保，与我们一直强调的洞口设计过程安全、绿色环保的设计理念不谋而合。与周边环境协调性指标占总目标权重的 0.056，也占有相当一部分比重，说明隧道洞口景观设计过程不能局限于局

部设计，应整体把握环境的协调性。

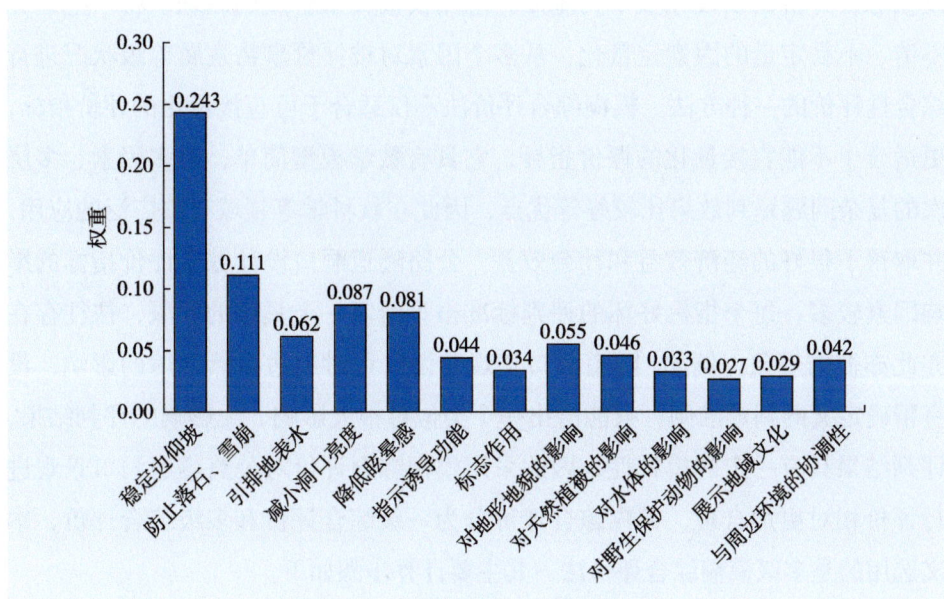

图 3-28 指标层相对于总目标权重图

总体而言，景观设计过程应在保证安全的前提下，争取设计出绿色环保、令人赏心悦目的景观环境，让使用者能够安全、迅速、舒适地通过隧道洞口景观地段。

3.4 评价方法与评价主体

3.4.1 模糊综合评判法

在现实生活中，人们往往需要对某一事物做出合理的评价或评判。对于单因素影响的事物，具有明确评价标准时，易于得出评价结果。但当影响评价的因素较多，且具有模糊性质因素时，传统的评价方法就不适用了，必须引入新的评价方法，即模糊综合评价（Fuzzy Comprehensive Evaluation，FCE）。模糊综合评价是以模糊数学为基础，应用模糊关系合成的原理，将一些边界不清、不易定量的因素定量化，从多个因素对被评价事物隶属等级状况进行综合性评价的一种方法。模糊综合评价法不仅适合于可直接量化的评价指标，更适合于不能直接量化的评价指标，它具有数学模型简单，对多因素、多层次的复杂问题评判效果比较好等优点，因此在软科学等领域有着广泛的应用，并取得了很好的经济效益和社会效益。公路隧道洞口设计综合评价指标的影响因素较多，每个指标好坏的评判标准很难给定一个具体的界限，往往存在亦此亦彼的现象，例如：隧道洞口景观建设过程对周边自然环境的影响，没有精确定义的判定准则，只能给出一个类似有很大影响、无影响的评判结果，评判结果具有一定的模糊性，因此采用模糊综合评价对公路隧道洞口景观进行评价相对更加合理，模糊综合评价分为一级综合评价和多级综合评价，本文选用的是多级模糊综合评价法，其主要计算步骤如下。

（1）建立评价因素集 F 和评定语集 E。

评价因素集 $F=\{f_i\}$，即评价指标的集合，其中 $i=1,2,\cdots,n$。此处为 3.2 节所述的评价指标体系。

评定语集 $E=\{e_j\}$，即评价等级的集合，其中 $j=1,2,\cdots,m$。对于公路隧道洞口景观评价，$E=\{e_1,e_2,e_3,e_4,e_5\}=\{$ 优秀，良好，中等，较差，差 $\}=\{95,85,75,65,60\}$。

（2）确定权重向量 W_F。

不同指标对于评价目标的重要程度不同，应给予不同的权重，公路隧道洞口景观评价指标权重如表 3-15 所示。

（3）确定隶属度向量，并形成隶属度矩阵 R。

隶属度是模糊数学评价最基本也是最重要的概念，隶属度 r_{ij} 即多个评价主体对评价对象在 f_i 方面作出的 e_j 评价，隶属度向量 $R_i=(r_{i1},r_{i2},r_{i3},\cdots,r_{im})$，$i=1,2,\cdots,n$，$\sum_{j=1}^{m} r_{ij}=1$，隶属度矩阵 $R=(R_1,R_2,R_3,\cdots,R_n)^{\mathrm{T}}=r_{ij}$。

（4）计算综合评定向量 S。

$$S = EH^T = E(W_FR)^T \qquad (3-17)$$

式中：H——综合隶属度向量，$H = W_FR$。

（5）计算综合评价得分 $S_{总}$。

运营期的安全性不是综合评价体系中的准则层，但作为洞口设计综合评价的前提，设安全性系数为 k：当隧道洞口设计的运营期安全性评价为安全时，$k=1$；当隧道洞口设计的运营期安全性评价为不安全时，$k=0$。

$$S_{总} = \left| kSW_E^T \right| \qquad (3-18)$$

式中：W_E——公路隧道洞口景观评价准则层权重向量，见表 3-15。

3.4.2　评价主体

隧道作为交通设施，不同于一般建筑设施，对其评价指标的判断需要分别从静态视觉和动态视觉两个方面展开。功能、环境指标需要设计人员和领域内专家根据设计资料，利用专业知识和行业经验详细分析后进行评价；美学属于哲学的分支，是洞口设计带给通行者的一种心理感受，影响因素多而繁杂，主观性较强，受审美主体和审美视觉影响较大，需要根据驾驶员通行感受进行评价；运营期的安全性评价不同于功能安全，需要对驾驶员通行过程中的生理指标进行检测，分析高速驾驶过程中洞口设计是否会出现安全隐患，因此根据动态视觉，依据驾驶员通行时的生理指标进行评价。

（1）功能、环境。

功能、环境评价需要具有一定的专业知识和行业经验，因此功能、景观环境指标采用调查问卷的方法进行评价。邀请相关领域的专家和设计人员，根据设计院提供的设计资料和拟定设计方案建立的三维模型进行评价，受邀人员针对功能、环境指标层从静态视觉角度，采用模糊评价语集｛优秀，良好，中等，较差，差｝进行评价。

（2）美学及安全性。

基于驾驶员的动态视觉特性，采用驾驶模拟试验方法，对公路隧道洞口设计美学指标和运营期安全性进行评价分析。自行开发的驾驶模拟系统主要包含驾驶模拟器和二次开发的建模软件（附录 C），驾驶模拟试验过程中，采用眼动仪设备采集被试人员的眼动数据。

①美景度评价。

驾驶员驾驶车辆通过隧道洞口时，隧道洞口景观相对驾驶员是动态的，隧道洞口设计是否美观往往对于驾驶员来说就是一瞬间的，是一种视觉感受和精神享受，不需要具体说明哪里美。同时，隧道修建完成以后主要的服务对象是普通群众，因此，美学评价邀请普通群众，采用驾驶模拟试验的方法，从动态视觉角度对隧道洞口设计给予｛优秀，良好，中等，较差，差｝中的一个模糊评价。

具体评价方法如下：

a. 采用二次开发的建模软件，依据相关设计资料，建立隧道洞口模型，对隧道洞口驾驶环境进行三维仿真。

b. 邀请被试人员熟悉驾驶模拟设备，佩戴眼动仪设备，进行眼动仪标定。

c. 被试人员乘坐驾驶模拟设备，手握转向盘驾车经过隧道洞口。

d. 被试人员依据驾驶体验，对驾车所经过的隧道洞口进行模糊评价。

②安全性评价。

隧道洞口景观设计如果过于华丽、冗杂，势必会分散驾驶员的注意力，影响行车安全。如何评价隧道洞口景观是否会分散驾驶员的注意力是工程设计及相关人员非常关注的问题，也是决定设计方案是否可行的前提条件。

美国弗吉尼亚理工大学 Klauer 等人于 2004—2005 年期间，开展了驾驶行为分析研究，对 109 辆小汽车 240 余位驾驶员进行长达 1 年时间的驾驶行为跟踪观测，采集了近 43000h 的数据，总里程接近 320 万 km，建立了发生事故或将要发生事故的数据库，并得出重要结论：驾驶员为了观察周围驾驶环境，视线短暂离开前方道路的行为是安全的，不但不会产生危险反而会降低风险事故发生的概率，但是无论出于何种目的，一旦视线离开前方道路持续时间超过 2s（包含在 6s 的时间内视线离开前方道路总和超过 2s），均会导致事故风险翻倍甚至更高。

驾驶员视线离开前方道路时间长度是驾驶分心最直接、最有效的指标，眼动仪通过记录驾驶员的眼动数据进而获得这一指标。评价过程采用 ETG 眼动仪，提取注视点、注视时间等参数进行隧道洞口景观安全性分析。

隧道洞口景观安全评价借鉴 Klauer 等人的研究成果，在试验过程中利用眼动仪记录驾驶员在驾驶车辆过程中的视线轨迹，如图 3-29 所示，如果发现视线偏离道路，记录事件的编号，最后通过导出的眼动数据查询事件编号的时间，计算视线总偏离时间，若视线偏离道路时间超过 2s（包含在 6s 的时间内视线离开前方道路时间总和超过 2s），则判定此隧道洞口景观会分散驾驶员注意力，威胁行车安全。

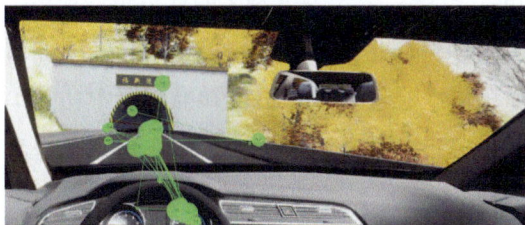

图 3-29　注视轨迹

3.5　公路隧道洞口设计综合评价等级划分

在隧道洞口设计运营期安全性评价为安全时，依据公路隧道洞口设计最终总得分 $S_{总}$，将隧道洞口设计划分为优秀、良好、中等、较差、差 5 个等级，详见表 3-16。

表 3-16　公路隧道洞口设计等级划分

隧道洞口景观得分	≥ 90	80~89	70~79	60~69	< 60
评价等级	优秀	良好	中等	较差	差

3.6 总结

基于本章的讨论，以层次分析法为基本框架的公路隧道洞口景观评价体系包含以下内容：

（1）通过文献调研分析，初步筛选了稳定边仰坡、引排地表水等 16 项评价指标；采用德尔菲法、李克特 5 点量表法，征询了国内隧道行业专家对指标的重要性程度意见，并以灰色系统理论为基础对 16 项评价指标进行筛选。通过分析发现：子准则层社会环境中包含的隧道洞口景观修建对居民住宅的影响、对农业生产的影响、对生活设施的影响 3 项指标重要程度为低，最终剔除了社会环境指标包含的这 3 项指标，确定了以功能、环境、美学为准则层的评价指标体系。

（2）基于层次分析法，邀请国内隧道行业专家及工程技术人员对评价指标重要程度进行对比，计算评价指标权重。通过计算分析可知准则层中功能：环境：美学的权重为 0.662：0.232：0.106，其中功能指标权重最大，这与我们一向提倡的隧道洞口景观应以"安全第一"为前提的设计原则相吻合。美学也占了一定的权重，说明人们在关注功能、环保的同时，逐渐关注景观美学。

（3）基于模糊数学理论，提出了公路隧道洞口景观指标评价方法：准则层中的功能、环境指标邀请隧道行业专家从静态视觉角度进行模糊评价；准则层中的美学邀请普通群众，通过自主研发的仿真驾驶模拟系统，驾驶车辆经过隧道洞口，从动态的视觉角度对隧道洞口景观美学进行评价。此评价方法可以使静态视觉效果与动态视觉效果相结合，并使不同群体参与到隧道洞口景观评价中，评价结果相对更加科学、合理。

（4）针对普遍关注的隧道洞口景观设计是否会过于华丽、冗杂而分散驾驶员注意力，影响行车安全的问题，提出采用眼动仪记录驾驶员行车过程视觉信息，并以视线持续偏移道路时间上限为 2s 为评判标准的隧道洞口景观美学安全性评价方法。

公路隧道洞口景观综合评价实例

Tunnel Aesthetics
Landscape Evaluation and
Design of Highway Tunnels

隧道美学

公路隧道景观评价与设计

4.1　项目概况

选取云南省某长隧道为例，隧道全长 1977.5m，隧道穿越地段属于中国地势的第二阶梯，植株整体呈丛生状，外貌不整齐，岩石出露，次生特征明显。该隧道进口采用端墙式洞门，端墙长 59.85m、高 13.25m，隧道进口宽 11m、高 8.55m，洞门壁面采用壁画装饰的肌理处理手法（图 4-1），洞顶设置了较为完善的排水系统（图 4-2、图 4-3)，隧道穿越地区未见水源、未见野生保护动物，所以在后期的评价中默认隧道洞口景观修建对水体、对野生保护动物无影响，两项评价结果均为较好。

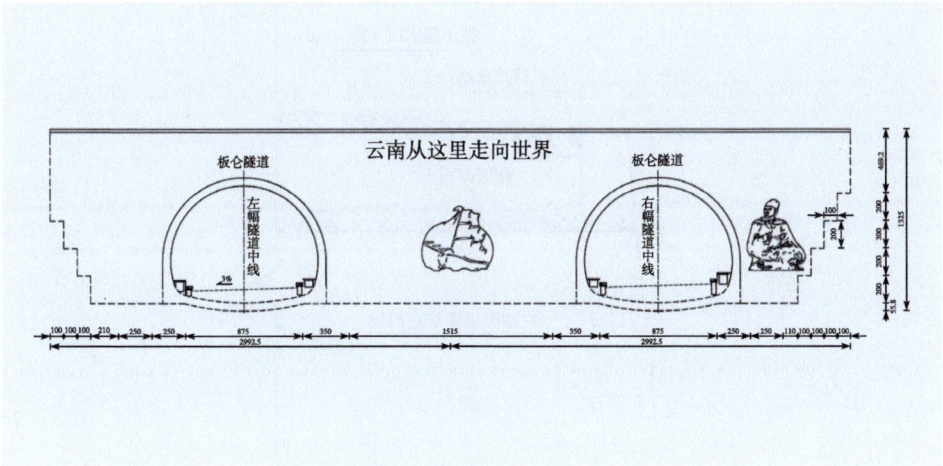

图 4-1　隧道洞口设计图（尺寸单位：cm）

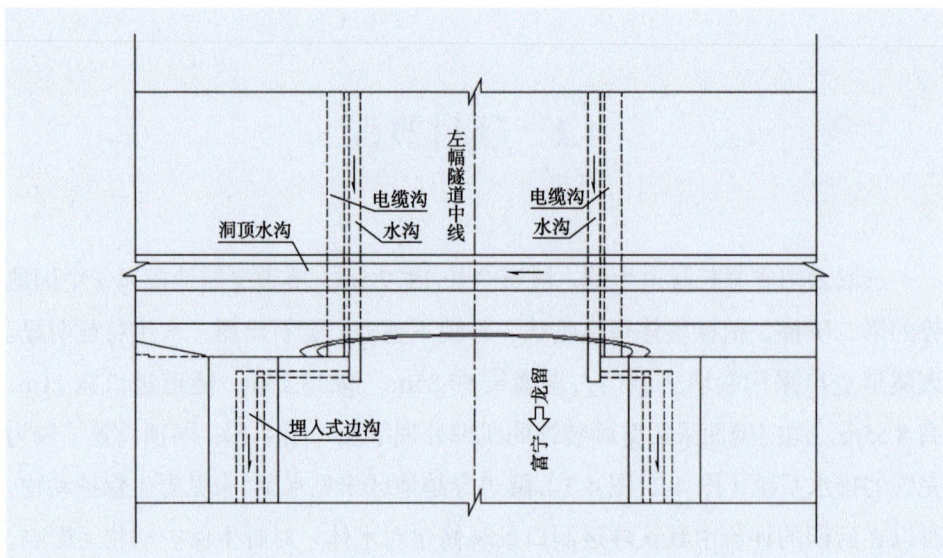

图 4-2　隧道洞门水平面图

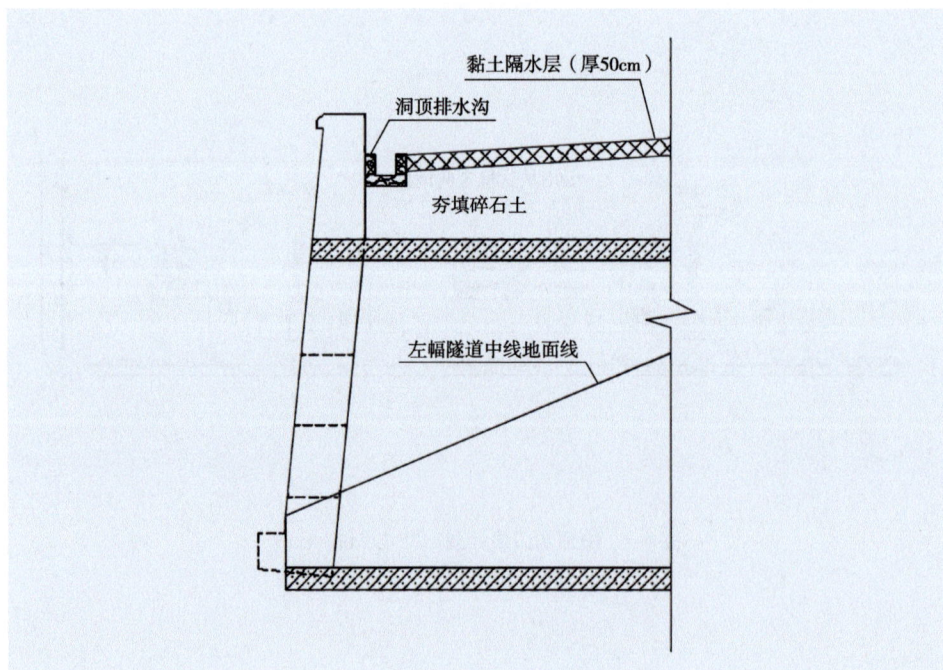

图 4-3　隧道洞门侧立面图

4.2 公路隧道洞口景观方案设计及模型建立

4.2.1 试验方案设计

公路隧道洞口景观设计的影响因素较多，通过对既有公路隧道洞口景观设计案例进行调研分析，并考虑隧道美学设计思路和设计人员的设计习惯，本试验以端墙式洞门为例，选取对隧道洞口景观设计影响较大的 4 个因子，即洞门线形（A）、洞门颜色（B）、洞口绿化（C）及洞门肌理（D），展开试验研究并设计正交试验表 L9（3⁴），如表 4-1 所示，共计 9 个方案（表 4-2）。邀请国内专家和普通群众，参与 9 个景观设计方案的评价过程，并对洞口景观美学敏感性因子和舒适性影响因子进行显著性分析。

表 4-1 各因子及水平列表

水平	因子			
	A	B	C	D
I	直线形	蓝色	精致绿化	壁画装饰
II	城墙式	绿色	简单绿化	横竖条纹
III	曲线形	灰色	一般绿化	无

表 4-2 隧道洞口景观设计方案

方案编号	变化因素			
	A 洞门线形	B 洞门颜色	C 洞口绿化	D 洞门肌理
1	I	I	I	I
2	I	II	II	II
3	I	III	III	III
4	II	I	II	III
5	II	II	III	I

续上表

方案编号	变化因素			
	A 洞门线形	B 洞门颜色	C 洞口绿化	D 洞门肌理
6	II	III	I	II
7	III	I	III	II
8	III	II	I	III
9	III	III	II	I

4.2.2　试验方案建立流程

（1）利用谷歌地球（Google Earth）查询隧道位置，确定隧道的地理位置及走向，提取隧道线形控制点的坐标，以隧道北口为坐标原点，其余采用相对坐标形式，部分坐标如下：隧道北口坐标（0，0），隧道南口坐标（1000，1600），公路北点坐标（–100，–1580），公路南点坐标（1450，2600）。

（2）调整代码，进入 ETS2 软件开发者模式，根据 Google Earth 中提取的坐标建立隧道路线，根据实际情况，调整两条道路的间距及位置，如图 4-4 所示。

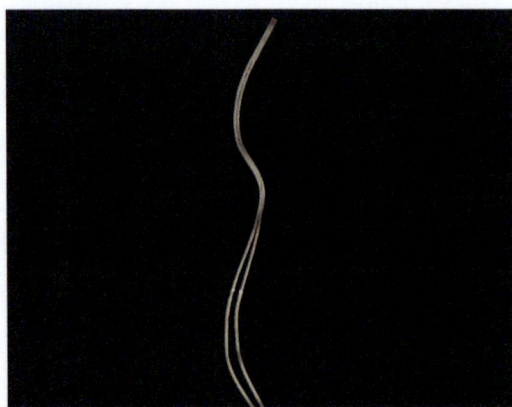
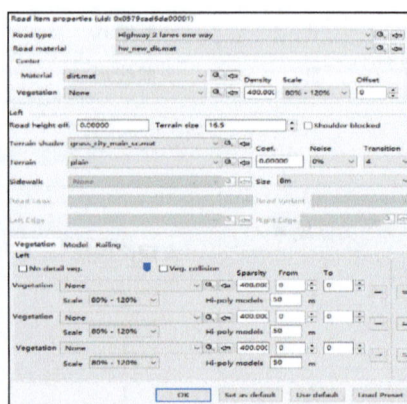

▲ a）道路线形　　　　　　　　　　　　　　▲ b）参数调整

图 4-4　隧道路线建立过程

（3）按设计图纸建立隧道结构模型，如图 4-5 所示。

◀ a）建立结构模型

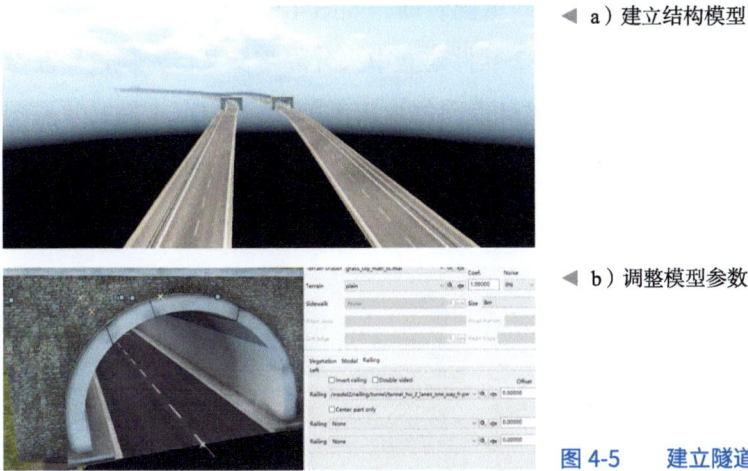

◀ b）调整模型参数

图 4-5   建立隧道结构模型

（4）依据隧道所处地貌特点，建立隧道边坡及植被，如图 4-6 所示。

图 4-6   建立边坡及植被

（5）根据隧道所处地貌特点，建立隧道背后山体，并利用贝塞尔曲线进行山体地势细部调整，建立层次化山体；利用 STMC 软件建立中央分隔带景观，如图 4-7 所示。

图 4-7   建立山体及中央分隔带

（6）利用 Blender 软件建立洞口贴片方案，并利用 PS 软件进行装饰，最终导入 ETS2 软件，对隧道洞门进行壁画装饰，如图 4-8 所示。

（7）依据设计图纸，利用 ETS2 软件建立中央分隔带交叉口，通过修改参数调整护栏颜色为绿色（护栏方案自带颜色为灰色）。试验方案 1 最终效果图如图 4-9 所示。

图 4-8　对隧道进行壁画装饰　　　　图 4-9　试验方案 1 模型效果图

同理，建立另外 8 个试验方案的模型，如图 4-10 所示。

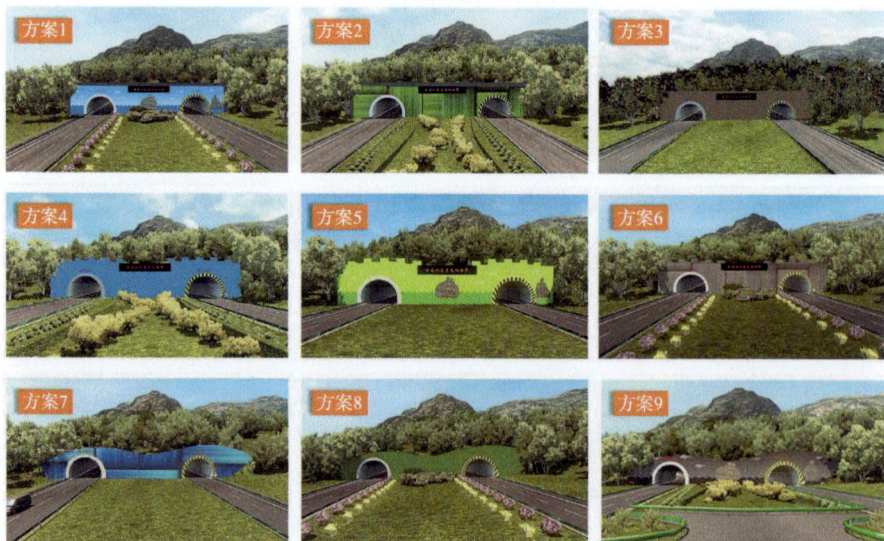

图 4-10　试验方案模型效果图

4.3　公路隧道洞口景观功能、环境指标评价

隧道洞口景观评价体系中的功能及环境指标采用模糊数学理论，邀请专家进行评价，专家主要来自国内相关知名院校及相关设计单位专家，其中院校 8 人，设计单位 4 人。专家根据隧道洞口景观方案以及相关基本信息，对评价指标给予 {优秀，良好，中，较差，差} 的评价，调查问卷和统计结果见附录 D。以方案 1 为例，介绍功能、环境准则层得分计算方法。

（1）对功能准则层包含的指标层评价结果进行归一化处理，得到隶属度矩阵：

$$R = \begin{bmatrix} 0.833 & 0.083 & 0.083 & 0 & 0 \\ 0.417 & 0.5 & 0.083 & 0 & 0 \\ 1 & 0 & 0 & 0 & 0 \\ 0.667 & 0.167 & 0.167 & 0 & 0 \\ 0.75 & 0.25 & 0 & 0 & 0 \\ 0.083 & 0.833 & 0 & 0.083 & 0 \\ 0.583 & 0.417 & 0 & 0 & 0 \end{bmatrix}$$

利用层层递进法，计算指标层相对于功能准则层的权重：

$$W_F - W_{指} \times W_{子} = (0.367, 0.167, 0.094, 0.131, 0.123, 0.066, 0.052)$$

计算综合隶属度向量：

$$H = W_F R = (0.6844, 0.2437, 0.0663, 0.0055, 0)$$

计算功能最终得分：

$$S_{功能} = \left| \boldsymbol{EH}^{\mathrm{T}} \right| = \left| (95, 85, 75, 65, 60) \times (0.6844, 0.2437, 0.0663, 0.0055, 0)^{\mathrm{T}} \right| = 91.07$$

（2）对环境准则层包含的指标层评价结果进行归一化处理，得到隶属度矩阵：

$$\boldsymbol{R} = \begin{bmatrix} 0.583 & 0.25 & 0.167 & 0 & 0 \\ 0.667 & 0.167 & 0.167 & 0 & 0 \\ 1 & 0 & 0 & 0 & 0 \\ 1 & 0 & 0 & 0 & 0 \\ 0.833 & 0.167 & 0 & 0 & 0 \\ 0.083 & 0.5 & 0.333 & 0.083 & 0 \end{bmatrix}$$

利用层层递进法，计算指标层相对于环境准则层的权重：

$$\boldsymbol{W}_{\mathrm{F}} = \boldsymbol{W}_{指} \times \boldsymbol{W}_{子} = (0.236, 0.198, 0.141, 0.116, 0.126, 0.183)$$

计算综合隶属度向量：

$$\boldsymbol{H} = \boldsymbol{W}_{\mathrm{F}} \boldsymbol{R} = (0.647, 0.2045, 0.1333, 0.0152, 0)$$

计算环境最终得分：

$$S_{环境} = \left| \boldsymbol{EH}^{\mathrm{T}} \right| = \left| (95, 85, 75, 65, 60) \times (0.647, 0.2045, 0.1333, 0.0152, 0)^{\mathrm{T}} \right| = 89.83$$

隧道洞口景观方案 1 准则层指标，功能得分 91.07，环境得分 89.83，同理可计算其他方案功能、环境得分，计算结果如表 4-3 所示。

表 4-3　9 个试验方案准则层功能、环境评价结果得分汇总

方案	方案 1	方案 2	方案 3	方案 4	方案 5	方案 6	方案 7	方案 8	方案 9
功能	91.07	87.45	79.72	84.05	84.03	89.16	75.67	79.30	81.77
环境	89.83	86.55	80.97	81.53	89.72	84.79	81.57	87.38	88.95

4.4 公路隧道洞口景观美学、安全评价

4.4.1 试验目的

（1）公路隧道洞口景观美学评价。

（2）公路隧道洞口景观安全性评价。

（3）公路隧道洞口景观美学敏感性因子分析。

（4）公路隧道洞口景观舒适性影响因素分析。

4.4.2 试验设备

见附录 C。

4.4.3 试验对象

隧道作为一种交通设施结构物，其服务对象主要为普通群众，因此针对隧道洞口景观美学问题，很多人可能会提出这样的疑虑："评判主体的审美观是否能够代表大众审美？不同群体之间的审美趋向是否具有明显差异？" Frank S、Vodak、Jensen、林葳等人研究了不同类型评价主体的审美趋向差异，研究结果表明不同群体的审美观并没有显著差异，同时 Schroeder 指出学生与普通公众审美趋向具有一致性，能够充分代表普通群众的审美态度。

本次试验选取 10 名具有 3 年以上驾龄的被试者，要求被试者驾驶技术娴熟，并且有良好的驾驶习惯，视觉机能正常。

4.4.4 试验过程

被试者驾驶模拟车辆通过隧道洞口并对隧道洞口景观美学进行打分。要求被试者之间不相互讨论，不必深思熟虑，仅凭第一感觉对洞口景观设计方

案的美景度进行打分，打分采用模糊评价，即被试者根据第一印象采用 { 优秀，良好，中等，较差，差 } 评价语集进行评价。

驾驶模拟试验过程遵循严格的程序：

（1）熟悉驾驶模拟设备。

首先是与被试者沟通驾驶模拟器转向盘、踏板等装置使用方法，然后要求被试者在特定场景下驾驶 20min 以上，以熟悉驾驶模拟设备的操作，如图 4-11 所示。

（2）眼动仪标定。

熟悉训练完成后，进行眼动仪的标定。标定过程采用三点标定法，并采用第 4 点进行标定校验，标定合格后进行正式试验，不合格重新标定，直至标定合格，眼动标定如图 4-12 所示。

图 4-11　试验者熟悉训练　　图 4-12　被试者眼动标定

（3）设定统一时间。

为了保证试验过程统一变量，尽量消除天气、时间对试验结果的影响，将试验时间固定设置在上午 10:00。

（4）进行正式试验。

准备工作完成以后，被试者沿着第一个隧道洞口景观设计场景行驶，通过隧道洞口之后依据驾驶期间看到的隧道洞口景观感受对景观美学进行打分。

在此之后,驾驶员需要休息大约 10min 以重新建立类似于测试开始的心理、生理条件,重新标定,依次完成 9 个设计方案的驾驶模拟过程。为了减小方案出现次序对其评价结果的影响,每个方案按正反次序进行两次试验,试验过程如图 4-13 所示。

图 4-13　试验过程

4.4.5　试验结果分析

（1）美学评价。

10 名被试者按正反次序进行 2 次试验,评价结果汇总如表 4-4 所示。

表 4-4　9 个试验方案美景度试验评价汇总

方案	优秀	良好	中等	较差	差
方案 1	13	5	2	0	0
方案 2	0	8	7	3	2
方案 3	0	5	12	3	0
方案 4	2	9	7	2	0
方案 5	3	8	7	2	0
方案 6	8	4	6	2	0
方案 7	4	2	10	4	0
方案 8	1	7	7	5	0
方案 9	8	7	5	0	0

下面以方案 1 为例，介绍隧道洞口景观美学评价结果计算过程。

对方案 1 隧道洞口景观美学评定集的数值归一化，得到隶属度矩阵 R 为：

$$R = [0.65, 0.25, 0.1, 0, 0]$$

由 3.4 节可知，评定语集 $E = \{e_1, e_2, e_3, e_4, e_5\} = \{$ 优秀，良好，中等，较差，差 $\} = \{95, 85, 75, 65, 60\}$，方案 1 隧道洞口景观美学评价结果为：

$$S_{\text{美}} = \left| ER^{\mathrm{T}} \right| = [95, 85, 75, 65, 60] \times \begin{bmatrix} 0.65 \\ 0.25 \\ 0.1 \\ 0 \\ 0 \end{bmatrix} = 90.5$$

同理，得出其他方案美学评价结果，如表 4-5 所示。

表 4-5　9 个试验方案美学评价结果汇总

方案	方案 1	方案 2	方案 3	方案 4	方案 5	方案 6	方案 7	方案 8	方案 9
美学得分	90.5	76	76	80.5	81	84	78	77	86.5

由表 4-5 可知，方案 1、方案 6、方案 9 美学得分较高，这 3 个方案的共同特点是洞门壁面都采用了壁画装饰肌理处理的方法；方案 3、方案 4、方案 7 的美学得分较低，而这 3 个方案的共同特点是洞门壁面都没有采用任何处理措施。因此，充分证明端墙式洞门壁面处理效果好坏严重影响着隧道洞口景观的美观性。

（2）美学敏感性因子分析。

根据正交试验设计方案以及美学评价结果，列出分析数据如表 4-6 所示。

表 4-6　L9（3^4）正交试验表

方案编号	A 洞门线形	B 洞门颜色	C 洞口绿化	D 洞门肌理	组合水平	得分
1	I	I	I	I	$A_1B_1C_1D_1$	90.5
2	I	II	II	II	$A_1B_2C_2D_2$	76.0
3	I	III	III	III	$A_1B_3C_3D_3$	76.0

续上表

方案编号	A	B	C	D	组合水平	得分
	洞门线形	洞门颜色	洞口绿化	洞门肌理		
4	Ⅱ	Ⅰ	Ⅱ	Ⅲ	$A_2B_1C_2D_3$	80.5
5	Ⅱ	Ⅱ	Ⅲ	Ⅰ	$A_2B_2C_3D_1$	81.0
6	Ⅱ	Ⅲ	Ⅰ	Ⅱ	$A_2B_3C_1D_2$	84.0
7	Ⅲ	Ⅰ	Ⅲ	Ⅱ	$A_3B_1C_3D_2$	78.0
8	Ⅲ	Ⅱ	Ⅰ	Ⅲ	$A_3B_2C_1D_3$	77.0
9	Ⅲ	Ⅲ	Ⅱ	Ⅰ	$A_3B_3C_2D_1$	86.5

建立评价模型：

假设 A（洞门线形）、B（洞门颜色）、C（洞口绿化）、D（洞门肌理）4 个因子间没有相互作用，设因子 A 在三个水平上效应分别为 $a_Ⅰ$、$a_Ⅱ$、$a_Ⅲ$；因子 B、C、D 的水平效应分别为 $b_Ⅰ$、$b_Ⅱ$、$b_Ⅲ$，$c_Ⅰ$、$c_Ⅱ$、$c_Ⅲ$，$d_Ⅰ$、$d_Ⅱ$、$d_Ⅲ$，数学评价模型为：

$$
\left.
\begin{aligned}
Y_1 &= \mu + a_Ⅰ + b_Ⅰ + c_Ⅰ + d_Ⅰ + \varepsilon_1 \\
Y_2 &= \mu + a_Ⅰ + b_Ⅱ + c_Ⅱ + d_Ⅱ + \varepsilon_2 \\
Y_3 &= \mu + a_Ⅰ + b_Ⅲ + c_Ⅲ + d_Ⅲ + \varepsilon_3 \\
Y_4 &= \mu + a_Ⅱ + b_Ⅰ + c_Ⅱ + d_Ⅲ + \varepsilon_4 \\
Y_5 &= \mu + a_Ⅱ + b_Ⅱ + c_Ⅲ + d_Ⅰ + \varepsilon_5 \\
Y_6 &= \mu + a_Ⅱ + b_Ⅲ + c_Ⅰ + d_Ⅱ + \varepsilon_6 \\
Y_7 &= \mu + a_Ⅲ + b_Ⅰ + c_Ⅲ + d_Ⅰ + \varepsilon_7 \\
Y_8 &= \mu + a_Ⅲ + b_Ⅱ + c_Ⅰ + d_Ⅲ + \varepsilon_8 \\
Y_9 &= \mu + a_Ⅲ + b_Ⅲ + c_Ⅱ + d_Ⅰ + \varepsilon_9
\end{aligned}
\right\}
\tag{4-1}
$$

式中，$\varepsilon_1, \varepsilon_2, \varepsilon_3, \cdots, \varepsilon_9$ 是独立同分布正态变量，分布为 $N(0, \sigma^2)$，对母体作如下基本假设：

$$
\left.
\begin{aligned}
H_{01} &: a_Ⅰ = a_Ⅱ = a_Ⅲ = 0 \\
H_{02} &: b_Ⅰ = b_Ⅱ = b_Ⅲ = 0 \\
H_{03} &: c_Ⅰ = c_Ⅱ = c_Ⅲ = 0 \\
H_{04} &: d_Ⅰ = d_Ⅱ = d_Ⅲ = 0
\end{aligned}
\right\}
\tag{4-2}
$$

若假设 H_{01} 成立，则代表洞口线形对隧道洞口景观美观性无显著影响，否则有显著影响，同理若假设 H_{02}、H_{03}、H_{04} 成立，则代表洞门颜色、洞口绿化、洞门肌理对隧道洞口景观美观性均无显著影响，否则有显著影响。

检验以上假设有极差分析和方差分析 2 种方法。

① 极差分析法。

利用极差分析法可以计算出每一个影响因子 3 种水平下的美学得分极差值，极差值越大，表示该因子对隧道洞口景观美观性的影响越大，计算方法如式（4-3）所示：

$$R_j = \max(k_j^i) - \min(k_j^i) \qquad\qquad (4\text{-}3)$$

式中：R_j——第 j 个影响因子的极差；

k_j^i——第 j 个因子水平为 i 的平均得分。

计算因子 A（洞门线形）3 种水平美学得分平均值：

$$k_A^{I} = \frac{1}{3}(Y_1 + Y_2 + Y_3) = 80.833$$

$$k_A^{II} = \frac{1}{3}(Y_4 + Y_5 + Y_6) = 81.833$$

$$k_A^{III} = \frac{1}{3}(Y_7 + Y_8 + Y_9) = 80.500$$

由式（4-3）可得，因子 A（洞门线形）3 种水平美学得分极差值为：

$$R_A = k_A^{II} - k_A^{III} = 1.333$$

同理，可计算其他 3 个因子美学得分的极差值：

$$R_B = k_B^{I} - k_B^{II} = 5$$

$$R_C = k_C^{I} - k_C^{III} = 5.5$$

$$R_D = k_D^{I} - k_D^{III} = 8.167$$

隧道洞门线形、洞门颜色、洞口绿化、洞门肌理 4 个因子 3 种水平美学得分极差分析图如图 4-14~ 图 4-17 所示。

由图 4-14～图 4-17 及计算结果可知，洞门肌理影响下的美学得分极差值最大，洞门线形影响下的美学得分极差值最小。因此对于端墙式洞门，隧道洞口景观美学敏感性因子排序为洞门肌理＞洞口绿化＞洞门颜色＞洞门线形。

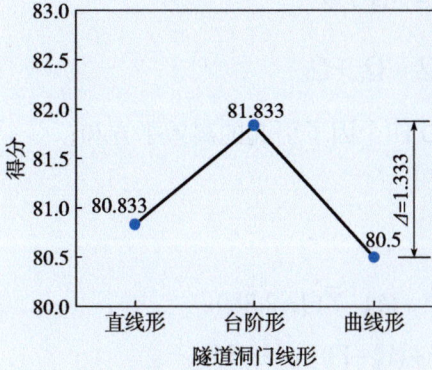

图 4-14　隧道洞门线形得分极差分析图

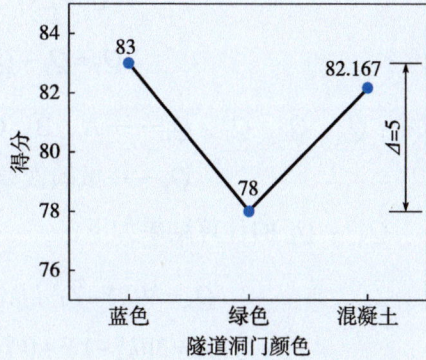

图 4-15　隧道洞口颜色得分极差分析图

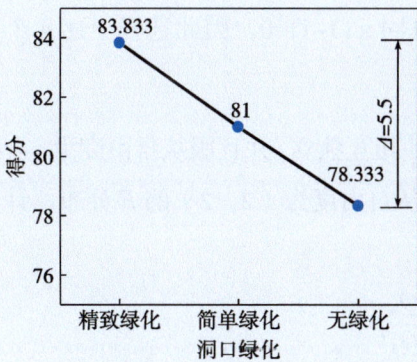

图 4-16　隧道洞口绿化得分极差分析图

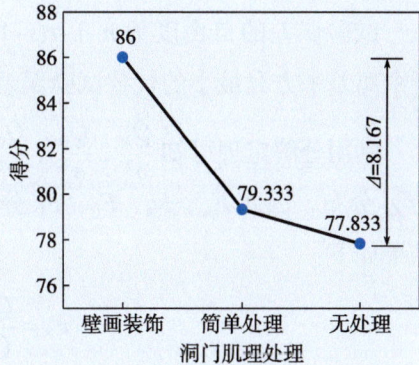

图 4-17　隧道洞门肌理得分极差分析图

②方差分析法。

极差分析法可以对敏感性因子的影响程度进行排序，但是无法得到各因子影响程度的显著性水平，因此需要辅以方差分析。

隧道洞口景观美学平均分：

$$\overline{Y} = \frac{1}{9}\sum_{i=1}^{9} Y_i = 81.056$$

总离差平方和：

$$Q_T = \sum_{i=1}^{9}(Y - \overline{Y})^2 = 204.722$$

$$Q_T = Q_A + Q_B + Q_C + Q_D + Q_E$$

式中：Q_A、Q_B、Q_C、Q_D——A、B、C、D 四个因子引起的离差平方和；

$\quad\quad\quad$ Q_E——试验误差。

$Q_A \sim Q_D$ 的计算结果如下：

$$Q_A = 3[(k_{\mathrm{I}}^A - \overline{Y})^2 + (k_{\mathrm{II}}^A - \overline{Y})^2 + (k_{\mathrm{III}}^A - \overline{Y})^2] = 2.889$$

$$Q_B = 3[(k_{\mathrm{I}}^B - \overline{Y})^2 + (k_{\mathrm{II}}^B - \overline{Y})^2 + (k_{\mathrm{III}}^B - \overline{Y})^2] = 43.056$$

$$Q_C = 3[(k_{\mathrm{I}}^C - \overline{Y})^2 + (k_{\mathrm{II}}^C - \overline{Y})^2 + (k_{\mathrm{III}}^C - \overline{Y})^2] = 45.389$$

$$Q_D = 3[(k_{\mathrm{I}}^D - \overline{Y})^2 + (k_{\mathrm{II}}^D - \overline{Y})^2 + (k_{\mathrm{III}}^D - \overline{Y})^2] = 113.389$$

试验误差的自由度为 $n-1-r(s-1)=9-1-4\times(3-1)=0$，因此选择上述 4 个因子中离差平方和最小的代替试验误差。

利用分解定理可知 $\dfrac{Q_A}{\sigma^2}$、$\dfrac{Q_B}{\sigma^2}$、$\dfrac{Q_C}{\sigma^2}$、$\dfrac{Q_D}{\sigma^2}$ 相互独立，并且服从自由度为 $s-1=2$ 的 χ^2 分布，因此 F_A、F_B、F_C、F_D 分别服从自由度为（2，2）的 F 分布，计算结果如下：

$$F_A = \frac{Q_A}{Q_E} \approx \frac{Q_A}{Q_A} = 1$$

$$F_B = \frac{Q_B}{Q_E} \approx \frac{Q_B}{Q_A} = 14.904$$

$$F_C = \frac{Q_C}{Q_E} \approx \frac{Q_C}{Q_A} = 15.712$$

$$F_D = \frac{Q_D}{Q_E} \approx \frac{Q_D}{Q_A} = 39.250$$

判定标准：给出置信水平分别为 $\alpha=0.1$、$\alpha=0.05$ 条件下的 $F_\alpha(n_1,n_2)$ 临界值，若计算 $F_i(i=A,B,C,D)$ 的值大于 $\alpha=0.05$ 条件下的临界值 $F_{0.05}(n_1,n_2)$，则认为该因子对隧道洞口景观美学影响十分显著；若 $F_i(i=A,B,C,D)$ 的值大于 $\alpha=0.1$ 条件下的临界值 $F_{0.1}(n_1,n_2)$、小于 $\alpha=0.05$ 条件下的临界值 $F_{0.05}(n_1,n_2)$，则认为该因子对隧道洞口景观美学影响一般显著；若 $F_i(i=A,B,C,D)$ 的值小于 $\alpha=0.1$ 条件下的临界值 $F_{0.1}(n_1,n_2)$，则认为该因子对隧道洞口景观美学影响不显著。

查表可得 $F_{0.1}(2,2)=9$，$F_{0.05}(2,2)=19$，因此：

$$F_A < F_{0.1}(2, 2)$$

$$F_{0.1}(2, 2) < F_B < F_{0.05}(2, 2)$$

$$F_{0.1}(2, 2) < F_C < F_{0.05}(2, 2)$$

$$F_D > F_{0.05}(2, 2)$$

依据计算结果可知：对于端墙式洞门，隧道洞门肌理对隧道洞口景观美学影响十分显著，隧道洞口绿化、洞门颜色对隧道洞口景观美学影响显著，隧道洞门线形对隧道洞口景观美学影响不显著。

（3）安全评价结果分析。

试验结束后，利用眼镜式（ETG）眼动仪数据分析软件，对试验过程中记录的眼动视频进行分析（图 4-18）。安全分析主要采取视频回放的方式，通过调整视频回放参数，可以观察到试验者眼睛每次注视的位置以及时间、视线扫描路径等信息，如图 4-19 所示。

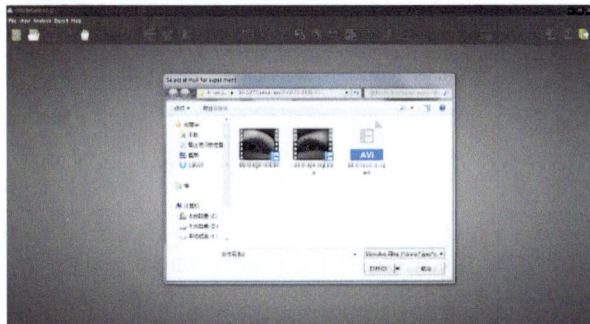

图 4-18　眼动视频导入分析软件

图 4-19　眼动数据分析过程

将视频以 6s 为一单位进行回放，若发现试验者视线偏移道路，则标记事件并编号，最后统计分析试验者视线偏移道路的事件及总时间，若方案中出现视线偏离大于 2s 的事件，则视为不安全方案。9 个方案试验者视线偏移道路统计结果如图 4-20 所示，图案数量表示试验者在对应方案中出现的偏离事件次数，其中黑色表示视线偏离大于 2s 的事件，灰色表示视线偏离在 1~2s（不含 2s）之间的事件，白色表示视线偏离小于 1s（不含 1s）的事件。对应景观安全性评价结果如表 4-7 所示。

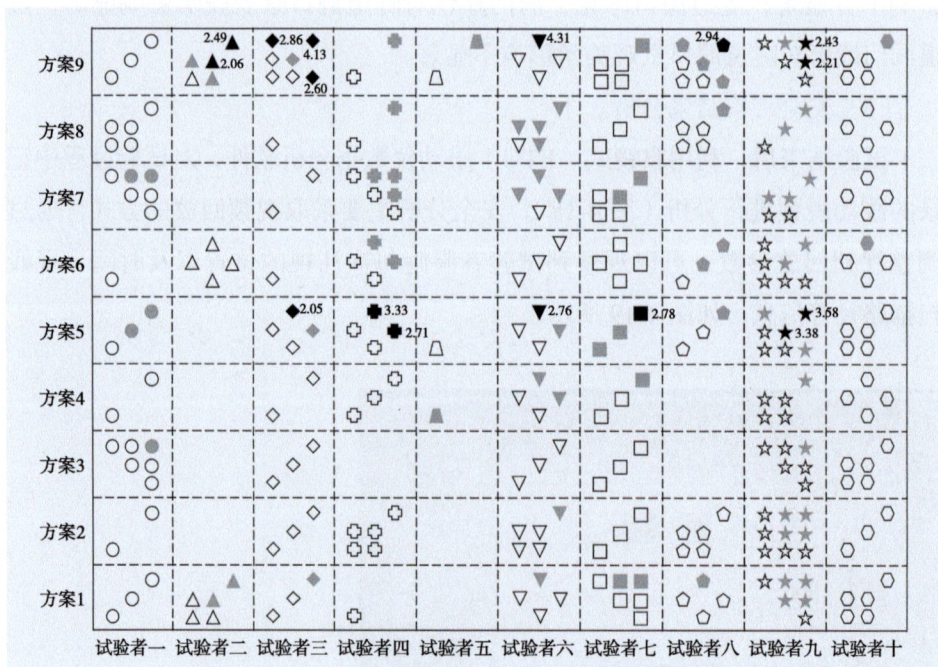

图 4-20　9 个方案试验者视线偏移道路统计（单位：s）

表 4-7　9 个方案景观安全性评价结果

方案	方案 1	方案 2	方案 3	方案 4	方案 5	方案 6	方案 7	方案 8	方案 9
景观安全性评价结果	安全	安全	安全	安全	不安全	安全	安全	安全	不安全

由图 4-20 可知，9 个试验方案中，方案 5、方案 9 的部分试验者视线偏离道路持续时间超过了 2s，出现了驾驶分心的情况，设计方案不安全。

从视频回放及驾驶员视线偏移道路位置来看，方案 5 试验者产生分心的主要原因是观看洞门墙面壁画——郑和下西洋（图 4-21），而方案 1 也采用了壁画装饰的手法，却没有出现驾驶分心的状况。通过对比分析发现，方案 5 洞门颜色（绿色）与周围环境融为一体，而壁画采用混凝土颜色，在整体以绿色为主的大环境下，混凝土颜色的壁画特别明显，过分吸引了驾驶员的注意力；而方案 1 洞门颜色采用蓝色，在洞门衬托下壁画就显得不那么突兀，因此隧道洞口景观设计万万不可出现"万绿丛中一点红"的现象。

图 4-21　方案 5 试验者视线偏移道路

另外，方案 9 试验者产生分心的主要原因是关注洞门上方曲线和注视壁画装饰（图 4-22）。方案 7 和方案 8 中洞门顶部同样采用了曲线形状，方案 1 洞门壁面采用了壁画装饰，然而试验者均未出现分心情况。这说明曲线形状、壁画装饰在一定程度上吸引了试验者注意力，但不是十分严重。当两个因素叠加时，就会造成景观设计过于烦琐而使驾驶员分心，因此隧道洞口景观设计应力求简洁明了，不可过于烦琐。

图 4-22　方案 9 试验者视线偏移道路

方案 1、方案 6、方案 8 隧道洞口景观中央分隔带绿化装饰比较精致，但这 3 个方案试验过程中驾驶员出现视线偏离道路的情况比较少，而且没有出现驾驶员分心的情况；方案 9 和方案 5 采用了简单绿化装饰，却不同程度地出现了驾驶分心的情况，说明隧道洞口景观绿化装饰一般不存在过分吸引驾驶员、造成驾驶分心的情况，因此，在景观设计中可以通过合理地设置绿化装饰来美化隧道洞口景观。

（4）舒适性影响因素分析。

隧道洞口景观设计应满足连续性和统一性，力求通过合理的布局、色彩搭配等使洞口景观实现逐步过渡，让驾驶者能够舒适、愉悦地通过隧道洞口段。大量研究表明，瞳孔大小可以反映驾驶员心生理状态，例如，当瞳孔面积变大时，表明驾驶员心理承受压力更大，情绪更紧张。

不同的隧道洞口景观给人以不同的感受，端墙式洞门线形设计较生硬、气势恢宏，给人以较强的心理和视觉上的压迫感；削竹式洞门线形柔和，与周围环境融合一体，不会给人造成视觉上的突兀感。隧道洞口边仰坡、中央分隔带等与隧道洞门共同构成了隧道洞口景观环境，舒适的景观环境可以让驾驶员轻松、愉悦、安全地通过，而不合理的景观布局、色彩搭配，会给驾驶员造成视觉上的冲击，影响行车安全。因此，有必要通过瞳孔面积变化规律研究隧道洞门线形、洞门颜色、肌理处理、洞口绿化等对行车舒适性造成的影响（由于瞳孔面积变化规律与瞳孔直径变化规律相同，后文将通过分析瞳孔直径变化规律来研究 4 个因素与行车舒适性之间的关系）。

驾驶模拟试验结束后，利用分析软件 BeGaze 导出相关眼动数据，并提取每个注视事件的平均瞳孔直径。试验数据表明试验者瞳孔直径变化规律近似相同，驾驶员在进入隧道洞口前瞳孔直径迅速增大，图 4-23 为部分被试者瞳孔直径变化曲线。

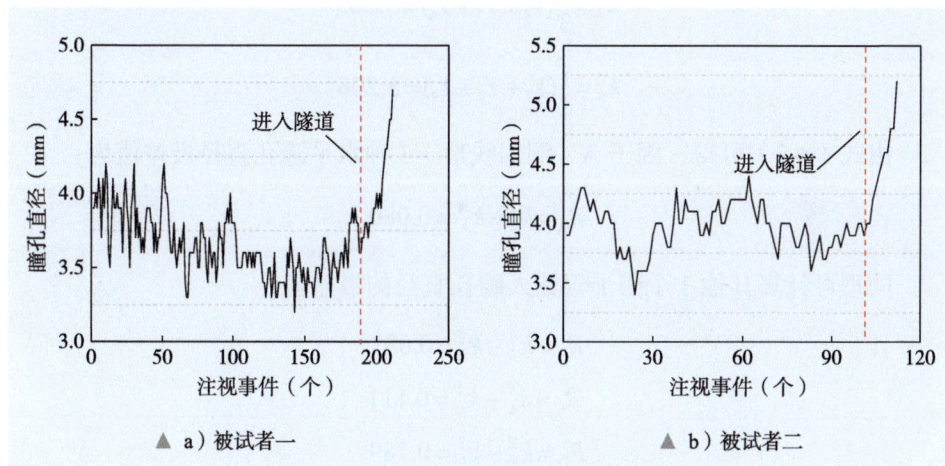

▲ a）被试者一　　　　　　　　　　▲ b）被试者二

图 4-23　部分被试者瞳孔直径变化曲线

由于驾驶员的瞳孔直径变化趋势相同，将 BeGaze 所提取的注视事件瞳孔直径平均值作为当前试验方案的驾驶员瞳孔直径，再取所有驾驶员的瞳孔直径平均值作为最终 9 个设计方案对应的瞳孔直径，如表 4-8 所示。

表 4-8　驾驶员平均瞳孔直径

方案	方案 1	方案 2	方案 3	方案 4	方案 5	方案 6	方案 7	方案 8	方案 9
平均瞳孔直径（mm）	3.194	3.207	3.456	3.372	3.199	3.218	3.309	3.220	3.089

由于隧道方案设计时考虑了洞门线形、洞门颜色、洞口绿化、洞门肌理 4 个因子，因此主要分析这 4 个因素与瞳孔直径之间的关系。

参照式（4-1）、式（4-2），建立数学评价模型和基本假设，利用极差计算方法得出每一个影响因子在 3 种水平下驾驶员瞳孔直径的极差值,极差值越大,表示该因子对隧道洞口景观舒适性的影响越大。

计算因子 A(洞门线形)3 种水平驾驶员瞳孔直径平均值为:

$$k_A^I = \frac{1}{3}(Y_1 + Y_2 + Y_3) = 3.286$$

$$k_A^{II} = \frac{1}{3}(Y_4 + Y_5 + Y_6) = 3.263$$

$$k_A^{III} = \frac{1}{3}(Y_7 + Y_8 + Y_9) = 3.206$$

由式(4-3)可得,因子 A(洞门线形)3 种水平瞳孔直径极差值为:

$$R_A = k_A^I - k_A^{III} = 0.080$$

同理可计算其他 3 个因子驾驶人瞳孔直径的极差值:

$$R_B = k_B^I - k_B^{II} = 0.083$$

$$R_C = k_C^{III} - k_C^I = 0.111$$

$$R_D = k_D^{III} - k_D^I = 0.189$$

隧道洞门线形、洞门颜色、洞口绿化、洞门肌理 4 个因子 3 种水平瞳孔直径极差分析图如图 4-24 所示。

由图 4-24 可知,4 个因子中,隧道洞门肌理对隧道洞口景观行车舒适度影响最大,洞门线形对隧道洞口景观行车舒适性影响最小,4 个因子对隧道洞口景观行车舒适度影响排序为:洞门肌理＞洞口绿化＞洞门颜色＞洞门线形。隧道洞门线形方面,曲线形最为舒适,与直线形相比,城墙式对行车舒适性并未产生显著影响;隧道洞门颜色方面,绿色洞门最为舒适,由于整体洞口景观环境采用绿色为主体的大背景,因此隧道洞门颜色选取时,需考虑周围环境因素,因地制宜,与周围环境相协调;洞口绿化方面,采用精致绿化的洞口最为舒适,因此隧道洞口景观设计时应注重绿化环境的设计,采用不同色相、季相植物相互搭配;隧道洞门肌理方面,采用壁画装饰最为舒适,但采用华丽的壁画装饰有可能分散驾驶员注意力,影响行车安全。而简单的横竖条纹处理相比无肌理壁面，行车舒适性有较大提升，因此在隧道洞门肌理选择时，应优先考虑简单横竖条纹处理方式。

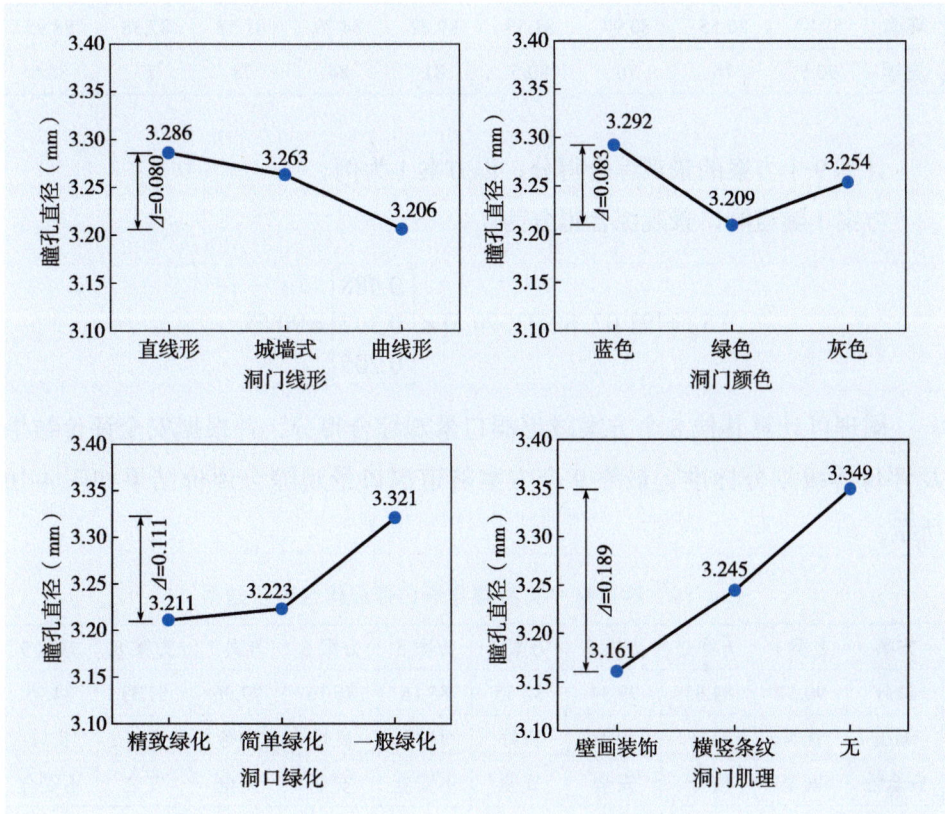

图 4-24　各因子三水平下瞳孔直径极差分析

4.5　公路隧道洞口景观评价结果分析

依据表 4-3、表 4-5，将隧道 9 个方案准则层得分结果汇总，如表 4-9 所示。

表 4-9　隧道 9 个方案准则层得分结果汇总表

方案	方案 1	方案 2	方案 3	方案 4	方案 5	方案 6	方案 7	方案 8	方案 9
功能	91.07	87.45	79.72	84.05	84.03	89.16	75.67	79.30	81.77
环境	89.83	86.55	80.97	81.53	89.72	84.79	81.57	87.38	88.95
美学	90.5	76	76	80.5	81	84	78	77	86.5

计算 9 个方案的景观综合得分，以方案 1 为例。

方案 1 隧道洞口景观综合得分为：

$$S_{总} = [91.07, 89.93, 90.5] \times \begin{bmatrix} 0.488 \\ 0.307 \\ 0.205 \end{bmatrix} = 90.57$$

同理可计算其他 8 个方案隧道洞口景观综合得分，并根据安全评价结果及评价等级划分标准，最终 9 个方案隧道洞口景观综合评价结果如表 4-10 所示。

表 4-10　隧道 9 个方案隧道洞口景观综合评价结果

方案	方案 1	方案 2	方案 3	方案 4	方案 5	方案 6	方案 7	方案 8	方案 9
总分	90.51	84.83	79.34	82.55	85.16	86.76	77.96	81.31	84.95
等级	优秀	良好	中等	良好	良好	良好	中等	良好	良好
安全性	安全	安全	安全	安全	不安全	安全	安全	安全	不安全

综上，方案 1 总得分最高，且为安全状态，为最优方案；方案 5、方案 9 出现驾驶分心，处于不安全状态，为不可取方案。方案 3、方案 7 得分较低，分析原因主要为减小洞口亮度、降低眩晕感等运营功能性指标比较差，洞口中央分隔带没有进行绿化，美观性较差，方案 7 洞门顶部还采用了曲线形式，力学性能比方案 3 更差，因此得分最低。

公路隧道洞口景观设计建议

Tunnel Aesthetics
Landscape Evaluation and Design of Highway Tunnels

隧道美学

公路隧道景观评价与设计

5.1 公路隧道洞口景观设计客体

优秀的景观设计作品首先要弄清楚设计的本质，即景观设计的客体是什么。

西蒙兹提出："人们规划的是体验，其次才是随形式和质量的有意识的设计，以实现希望达到的效果。场所、空间或物体都应依据最终目的来设计。"

中国先秦时期的老子，提出了同样的观点："埏埴以为器，当其无，有器之用。凿户牖以为室，当其无，有室之用，故有之以为利，无之以为用。"其释义为："揉和陶土做成器皿，有了器具中空的地方，才有器皿的作用，开凿门窗建造房屋，有了门窗四壁内的空虚部分，才有房屋的作用，所以，'有'给人便利，'无'发挥了它的作用。"

景观设计的客体是满足功能的"空间"，是彰显地域特征的"场"，是置身其中的"体验"，而非具体的一砖一瓦。常说的铺装设计、水景设计、植物设计，甚至于借景设计、文化设计皆是老子言下的器壁、屋墙，只是景观的载体。通过载体营造出的具备功能的"中空"——"空间""场""体验"远高于载体本身的含义，如果舍木逐末，把载体当成了景观设计的客体，如同过分关注器皿的形式，却没有关注适用的空间，这样的设计是不具生命力和感染力的，与周边的环境是难以相融的。

"空间""场""体验"是景观设计的着眼点，即：器皿的功能是什么？陶土质地如何？适合做什么类型的器皿？适宜的文化属性是什么？

实现"场"的载体，是景观设计的着力点，即：器皿的形态如何？如何实现功能？文化符号的形式是什么？

找准了着眼点，合理规划并以此作为指导，就着力点进一步进行景观营造，景观便如在地域内自然生长出一般，自然发生的形式与功能是同步生长的，分阶段的规划设计也是人为的区分，"形式谁也不追随，形式是与所有进化过程结合在一起的。从而，形式和过程是不可分离的、有意义的表现"。

公路隧道洞口景观因工程特殊性，景观设计的课题应当侧重于"行车体验"。若静态的三维称为"空间"，那么融入文化氛围和安全感的"空间"便是"场"，"体验"则是串联起来的"场"以及因串联而产生的间隙与过渡（景观的时间感），包含了视觉感受、文化感受、安全感受等，这些感受并非孤立存在，而是"体验"的各个面向，彼此相辅相成，如图 5-1 所示。

概括而言，公路隧道洞口景观的行车体验，主要来源于视觉感受，洞口地理环境决定了空间的开合度，构建了公路景观的空间格局。洞口生态环境决定了空间色彩和覆盖情况，形成了公路景观的空间质感。

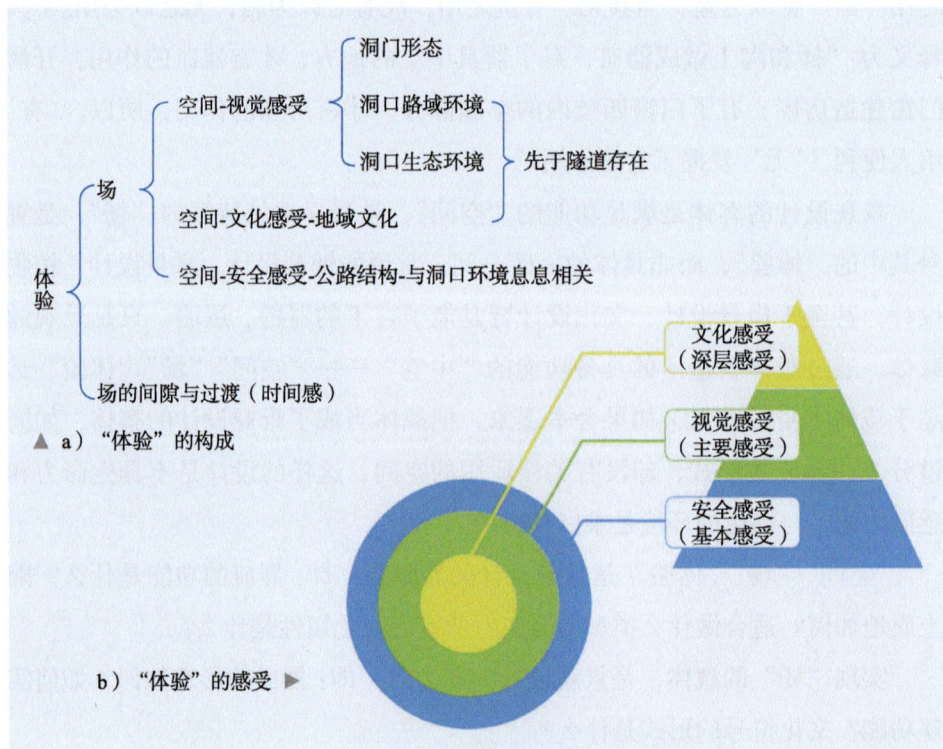

a）"体验"的构成

b）"体验"的感受 ▶

图 5-1　行车体验结构图

文化感受是较高层次的行车体验，文化感受的覆盖度较视觉感受更为广阔，地域文化具有异质性，一个地区的文化又与地理、生态环境密不可分。

安全感受是驾乘人员的基本需求，主要取决于公路线形、边缘和节点的处理，同时也取决于洞口地理环境和生态环境。视线受阻或通透受阻都将影响安全感受，然而，隧道洞门结构设计与洞口地理环境息息相关，受其牵制。

地理环境、生态环境、地域文化均先于隧道而存在，是每座隧道具备的自身特点，无法超越、脱离。隧道洞门结构本身只是"体验"的组成部分，并且与地理环境、生态环境休戚相关。自然系统远比我们想象中复杂，不可模拟，任何一个地方都是历史、物质和生物发展过程的总和，这些过程是动态的，不可重复。公路隧道洞口应尽量与周边环境统一协调，坚持生态恢复和自然环境保护。

由此，令人不免想到，谁是"设计师"，究竟是人在主管设计"景观"，还是场所的地理、生态、历史早就生长好，并将在公路介入后继续生长？因此，设计师的恰当身份是呈现者，并不是缔造者。

景观设计的主体应当是自然，设计是基于尊重、了解、理解、发掘、顺应、展现场地的过程，公路隧道洞口景观设计的内涵就是整合和表现洞口环境一定范围内的各种资源，核心是以展现为主，充分挖掘景观资源，减小刻意的人为景观。

5.2　公路隧道洞口景观设计原则

（1）安全性。

隧道洞口景观设计应将保证道路行车安全放在首要位置。保护人的生命安全已经是人类社会行为的必要准则，安全问题永远都不能轻视，因此在景观设计中，安全性（结构安全、交通运营安全）是首要任务。安全性原则主要体现在以下几方面。

①洞口结构：隧道洞口结构安全是洞口其他景观元素存在的基础与前提。

②洞外亮度：隧道洞口段的洞内外亮度差异会对驾驶员生理、心理产生一定的影响，隧道洞口景观设计应考虑明暗过渡段的影响，缓和驾驶员的视觉不适感和不安心理。

③装饰方面：隧道洞门壁面、小品建筑等装饰，应力求美观、简洁，不宜过于花哨，以免分散驾驶员注意力，影响行车安全。

④导引及事故预防：在隧道洞口处应设置导引系统，提前告知驾乘人员前方出现隧道，提高洞口的显著性，给驾驶员心理缓冲的空间。

（2）对比与调和。

景观设计构成错综复杂，如果让人们对某一景观记忆深刻，"对比"无疑是最好的方法，但是由于隧道洞门结构和洞口行车环境的特殊性，安全永远是第一原则。因此，隧道洞口景观设计一定要把握"对比度"，既要对比突出，又不可出现"万绿丛中一点红"的现象。

"调和"则强调一种相似性，如果景观中满眼都是对比，则会让人无所适从，所以需要调和，例如植物的种植形式，整体树种不要太多，保证处于一个基调，在此基础上再点缀几颗具有对比效果的其他树种，或色彩、或季节、或体量上完成植物造景，调和与对比可以相互转换。

（3）整体协调性。

隧道洞口景观设计整体性协调原则是指各实体要素的设计均要在统一的指挥棒下完成，从而形成完美、和谐、整体的景观效果，没有整体的把控，再美的要素都是支离破碎或自相矛盾的局部，这就要求隧道洞口景观与公路全线景观相统一，与当地自然生态、人文历史相协调，在保持全线景观整体性和节奏感的同时进行个体设计。隧道洞口景观设计整体协调性原则的具体意义可以概括为如下三个方面。

①隧道洞口景观应该与全线公路景观相协调。作为全线景观的一部分，洞口景观不能将全线景观分成多个区段，而应该成为全线景观的一部分，将全线所有景观作为一个整体考虑。

②隧道洞口景观应该与已有的自然景观相协调。洞门形式的选取应与沿线已有环境，如周围村庄、建筑、风景区、农田、山脉、河流、峡谷、湖泊、森林、草地、沙漠等自然景观相协调。

③隧道洞口文化表现与整体环境相协调。当地文化可以通过隧道洞口景观充分表达出来，让过往旅客深刻体会到当地独特的人文历史，但应注意文化表现与整体环境之间的协调性，同时还应将传统美学与当代流行美学相结合，以更好地满足时代需求。

（4）生态设计原则。

生态设计原则上强调尊重物种多样性，保护植物和动物的生存环境，减少对资源的开发，能够有助于改善人类居住环境。隧道洞口景观设计不仅要求设计者们把洞口设计与隧道洞口美学结合起来，还要求充分考虑生态设计，尽可能地保护当地的自然生态环境，确保工程建设与自然和谐相处。同时，应积极致力于自然植被的恢复，使隧道洞口与洞口两侧原有景色相结合，创造出绿色、自然、和谐的洞口景观设计。

（5）地域性原则。

公路隧道坐落在不同的地理区域，拥有着不同的地域背景、气候、环境以及地域文化、民间传统和审美偏好等特征，在洞口景观设计时，需要考虑地域特征，并通过景观元素表达出来，与隧道洞口景观整体效果相融合。此外，隧道洞口景观设计过程应注重对当地历史文化的恰当引用，有意识地将当地文化融入景观设计之中，充分展现当地的风土人情、历史文化，在景观设计中，依据每座隧道洞口自身特点，进行合理布局，实现"生境、画境和意境"三者有机结合，争取做到"一隧一景"。

（6）舒适性。

隧道出入口的明暗光线对比强烈，极易引起驾乘人员视觉的不适应，通过隧道洞口的景观营造，可以缓解驾驶员心理紧张情绪，如对大面积的端墙式洞门或洞口边仰坡，可采取绿化、分隔、饰面等措施，减小洞门带来的视觉压迫感。

5.3　公路隧道洞口景观设计要点

洞口景观构景元素是进行公路隧道洞口景观设计的形态本质，在时间和空间分布上存在有序性和差异性：各构景元素在视觉识别空间上存在前后、上下、左右等关系，在形体和颜色上表现出差异性和一致性，在时间上呈现同步性与交错性，各元素间既彼此独立又相互联系，形成了一个多层次的复杂空间体系。通过查阅公路隧道洞口景观研究相关文献及设计资料，依据1.2.2节，给出各构景元素的设计要点。

5.3.1　洞门外观

（1）洞门类型。

隧道洞门从结构类型上分为：墙式洞门、突出式洞门和特殊式洞门。

墙式洞门根据端墙形式分为直线形、曲线形（拱翼式）、台阶式、翼墙式、柱式、城堡式等，包含对称和非对称两种形式。面积较大的端面墙壁通过色彩和装饰手法进行个性化设计，对周围景观环境起到积极影响。立柱和城堡式设计往往成为视觉的焦点，给人不是钻山洞而是穿城门进闹市的意境（图 5-2）。

图 5-2　城开隧道洞口

突出式洞门强调结构的立体形状，直削和斜削的形式占主流地位，常见削竹式［图 5-3a）］、喇叭口式［图 5-3b）］和环框式［图 1-8a）］。突出式洞门设计朴素，与周边环境、山体形态融为一体，在处理洞口明暗过渡问题中发挥重要作用。洞口环衬色彩突出，成为视觉焦点，明确洞口位置及空间尺寸，诱导驾驶员正确进入隧道。

◀ a）新疆赛里木湖隧道洞口

◀ b）乌鞘岭四号隧道洞口

图 5-3　突出式洞门

特殊式洞门有棚洞式［图 5-4a）］和遮光棚式［图 5-4b）］。特殊式洞门从建筑结构角度对洞口进行减光处理，通过设置减光格栅缓解了驾驶员因洞内外亮度突变引起的短暂性视力功能下降，同时减少入口段照明的能源消耗。影响入口处减光隔栅长度的主要因素有洞外亮度、洞内亮度，以及驾驶员视力恢复时间等，入口处减光隔栅长度一般大于出口处。

◄ a）南京老山隧道洞口

◄ b）上海长江隧道洞口

图 5-4　特殊式洞门

（2）洞门装饰及肌理处理。

洞门装饰借助装饰材料、造型设计、颜色、绿化等艺术创作手段，赋予隧道洞门美学价值。常见装饰手法有：建筑式装饰、浮雕式装饰、雕塑式装饰、造型式装饰、贴面式装饰和弱化式装饰等，如表 5-1 所示。

表 5-1　常见洞门装饰手法

装饰类别	特征
建筑式	利用仿建筑的艺术装饰，常见于柱式和城堡式洞门，凸显建筑神韵
浮雕式	富有人文、历史和自然环境等主题色彩，不需要考虑结构设计与施工，多用于端墙式洞门
雕塑式	通常装饰洞门上方和侧方，施工难度大、成本较高，应用较少
造型式	改变端墙外形，如直线形、曲线形和台阶形等变化，墙身采用统一装饰，达到自然肌理效果
贴面式	采用多种外墙贴面材料，通过材料肌理和颜色搭配美化端墙壁面
弱化式	常见突出式洞门，弱化洞门装饰，仅用涂料和贴砖装点洞门突出部位

肌理处理一方面利用材料本身特点谋求变化，另一方面可用人工的方式"创造"肌理效果，常见形式有壁画、横竖条纹或无肌理。人工方式改变肌理主要体现在材料表面纹饰的变化，如凿毛、横竖条纹等。在进行洞门装饰时，应使用反射比低、定向度低的漫反射饰面材料，结合肌理处理，可降低洞口亮度、减轻洞门的压迫感。

（3）洞门颜色及洞口亮度。

洞门颜色是驾驶员最易感知的构景元素，与材质或饰面材料有关，有单色和多色两种形式。单色一般是无饰面或采用单一的材料对洞门进行装饰，宜采用深暗色，在植被常年茂盛地区亦可在墙面设爬藤类植物，对洞门进行减光处理；当设计与周围环境协调一致时，洞门主色调应使用接近自然的颜色，如洞口植被丰富的地方使用浅青瓷［图 5-5a）］，黄土裸露的地方使用赭色、浅棕色、深棕色、浅青瓷、深蓝色、灰色等［图 5-5b）］。多色通常要进行调色设计，形成具有对比、突出和强调的特点，颜色的设置不宜过多，宜控制在两种左右，避免危险和不确定的模糊颜色。

◀ a）巴独隧道洞口

◀ b）东山隧道洞口

图 5-5　洞门颜色与自然环境相接近

135

洞口亮度影响驾驶员进入隧道后视觉能力的调节时间，为了使驾驶员尽快识别洞内路况，对洞门墙面进行暗化和柔化处理，减轻反射光线对驾驶员的刺激作用，如图5-6a）所示。另外，在不引起视错觉的情况下，局部使用较高亮度的强调色，与周围环境形成对比，可以起到警示、引导和缓解作用，有利于提高驾驶员的注意力，如石地坪一号隧道端墙顶部为红色，洞口环框采用白色［图5-6b）］。

◀ a）巴勒根达板隧道洞口

◀ b）石地坪一号隧道洞口

图5-6　洞门亮度的整体弱化与局部强调

（4）洞门线形。

洞门线形有直线、曲线、不规则或组合形式。直线设计凸显简洁、均衡、稳重，结构感强；曲线形式更显轻柔、优雅、动感，代表洞门有削竹式、环框式等；直曲混合式洞门主次分明，顺势而为，直观特征依赖组合的完美程度，如图5-7所示。需要注意的是，当曲线形状、壁画装饰叠加时，隧道洞门外观过于烦琐，会过多地吸引驾驶员的注意力而存在导致分心的隐患。

图 5-7　秦岭二号隧道洞口

5.3.2　洞口绿化

绿化是隧道洞口景观主要构景元素之一，通过坡面生态防护和坡面栽植绿化，达到生态修复和美化环境的目的，包括洞口前区绿化和边仰坡绿化（图 5-8）。

▲ a）蝴蝶兰隧道洞口

▲ b）南腊隧道洞口

图 5-8　洞口绿化

（1）洞口前区绿化。

洞口前区绿化是针对分离式隧道而言，包含洞间山体绿化和前区绿化。洞间山体绿化尽量保留原有自然植被，破坏之处采用乔木、灌木恢复；前区绿化根据场地条件，采用乔木、灌木列植或乔木、灌木组合的方式，场地条件良好时建议种植大规格景观树进行点缀，营造兴奋点。

（2）边坡及仰坡绿化。

在充分考虑坡体自身结构稳定的前提下，结合坡高、坡率、岩性等工程特点，选择合理的坡面防护和栽植绿化措施。坡面防护措施有：直接喷播、挂网绿化、喷有机材料绿化、土袋绿化、植生袋、土工格室等，常采用"乔、灌、藤、草、花"相结合的模式。洞口绿化在减少洞口内外照度差和缓解驾驶员心理紧张感方面发挥显著作用。对于路堑式、半路堑式或者不填不挖式隧道，有绿化相较无绿化，洞口内外照度差可减小60%左右；随着洞口绿化程度的加深，洞口照度系数逐渐减小，驾驶员进出隧道时的心率增长率呈现整体下降趋势。综合考虑洞口绿化的形式美及功能效用，给出隧道洞口绿化植物选择及建议，如表5-2所示。

表5-2　隧道洞口绿化植物选择及建议

位置		可选择植物种类	植物选择建议
洞口前区	洞间	乔木、灌木	配置具备一定吸收强光能力的植物
	前区	乔木、灌木列植或乔木、灌木组合	从隧道洞口至远离洞口的方向，有序布设，植物高度由高到低，植株间距由密集到稀疏、由遮光到通视，总体遵循"种植间距逐渐增大、种植高度逐渐降低"的原则
边仰坡	坡脚	乔木	（1）洞口附近适合栽植大冠径、枝叶茂密、遮光性强的高大乔木； （2）边坡株距随靠近洞口方向逐渐减小
	坡面	乔木、灌木、草、花卉、藤本植物	（1）边坡采用乔木到中灌木、矮灌木逐渐过渡的形式，增加生态多样性； （2）仰坡绿化植物颜色应下深上浅，驾驶员视野范围内用反射系数较低、亮度较低的深色系植物，视野范围之外用浅色系植物； （3）采用喷播防护时，一个坡面选用灌木（或花卉）种子为2或3种； （4）当坡面被喷射混凝土封闭时，辅以藤本植物进行遮蔽； （5）常春藤的亮度相对较低，对阳光的反射率最低，在气候和水文条件允许的条件下，使用该种植物对公路隧道进行绿化，将使照度要求降低50%

5.3.3 附属设施

（1）洞口铭牌。

洞口铭牌设计是隧道洞口景观设计的重要一环，常见形式有：交通指示牌、洞前置石或雕塑、仰坡上方分离大字、洞口上方铭牌、洞口中间铭牌。驾驶员对隧道铭牌的关注占据了入洞前的大部分驾驶时间，且在接近洞口前要完成对洞名的感知和理解，因此，洞口铭牌设计要易于辨识，设计风格结合地域文化、民俗风情、自然环境和稳定性等因素，尽量减少其负面作用。基于以上考虑，从隧道命名、铭牌位置以及文字的视认性三个方面给出洞口铭牌的设计建议，如表 5-3 所示。

表 5-3　隧道洞口铭牌设计事项及建议

设计事项		建议
隧道命名		（1）根据地理位置、历史文化等要素确定； （2）同一区域内要求"一隧一名、名实相符"； （3）隧道名称简洁、易记，建议不超过 6 字
位置		（1）优先选择洞口前方一定距离； （2）当位于洞口附近时，提高文字的视认性，使驾驶员在距离洞口较远处就能识别
视认性	字体	使用易于辨别的楷书、行楷，酌情使用行书、隶书，避免使用金文、大小篆和草书等
	高宽比	尽量使用高宽比为 1∶1 的汉字
	字号	（1）依据行车速度确定字号； （2）加大字号，使隧道铭牌在远处能被识别
	字频	优先使用高、中频汉字
	笔画数	使用笔画数较少的简洁字
	颜色	（1）字体颜色醒目，与背景有一定对比度； （2）以红色、金色为主，此外还有黑色、白色等

（2）小品建筑。

小品建筑是丰富、美化洞口环境，创造和大自然协调并具有典型景观效果的空间塑造。小品建筑在造型、颜色、材质方面具有可欣赏性，通过色彩与风格搭配衬托周围环境，体现地域文化、民俗风情等内涵，是隧道洞口景观设计的点睛之笔。常见类型有：壁画、雕塑、浮雕、假山置石等。

小品建筑具备信息导向作用，能为驾乘人员提供隧道名称、环境、导向、警告等信息，通常位于中央隔离带、端墙面以及洞口前方一定距离，位于驾驶员主要视觉区域。驾驶员对小品建筑的感知过程中会自然地降低行车速度。小品建筑在色彩和造型上不宜繁复，过分吸引驾驶员注意力反而会增加行车潜在危险。小品建筑设计要满足经济性和适用性，就地取材能够降低成本，也可运用钢筋混凝土仿造天然石材，或选择可再生、可回收再利用的材料延长小品建筑的使用寿命。

（3）广告牌及标语。

隧道洞口附近巨大广告牌在视野范围内占有一定比例，对隧道洞外亮度的影响及对驾驶员注意力的吸引不容忽视。因此，广告牌要尽量远离主视野范围，避免设置巨大广告牌和标语，且采用深暗色材质，不进行镀膜处理。

（4）交通标志、立面标记、防护设施。

交通标志考虑可见性和易读性，根据信息长度、字体大小、笔画粗细以及行驶速度与视认距离之间的关系提出相应设计；洞口前的交通标志应尽量简单，标志出隧长、限速、警示即可。

（5）彩色路面。

路面是视野范围内面积占比最大的构景元素。彩色路面具有美观、诱导性强、夜间可视性高、可增强注意力、缓解疲劳、提高路面亮度和减少黑色路面热岛效应等作用，同时公路隧道入口处彩色路面的合理铺设对提高视觉警示、保证驾驶安全有重要意义。其中，彩色路面的主要特征体现在路面的色彩和铺筑样式。

目前隧道路面多采用单一色彩，公路隧道洞口段路面色彩主要有红色、黄色、蓝色、绿色、白色（水泥路面）和黑色（沥青混凝土路面），各色彩对驾驶员产生的心理效应以及相应的驾驶行为特征如表 5-4 所示。此外，近年来组合色也逐渐成为彩色路面的常用方案，如蓝黄、黄红、黄灰、蓝灰、红灰等。在雪季等特殊工况下，黄色是防止视觉疲劳的首选色彩，其次是绿色、红色和蓝色。

表 5-4　色彩在路面应用的引导特征

色彩类别	心理效应	驾驶行为
红	紧张、危险	警惕、减速
黄	明亮、警告	警惕、控制车速
蓝	平静、指示	正常行驶
绿	舒适、可靠	正常或加速行驶
白	安静、安全	正常行驶
黑	深沉、注意	正常行驶

彩色路面在隧道洞口处的常见铺筑样式分为块状、条形、长形以及条块相接，如图 5-9 所示。条块相接的铺筑样式结合了前三者的优点，通过横向条纹考虑视错觉等原理，同时缓解块状、长形等产生的突兀刺激感，又能够相对减少成本，因此，驾驶员更愿意接受条块相接的铺设样式。

彩色路面铺设位置、长度以及条纹间距等参数的确定需要从驾驶知觉 - 行为模型、透视原理和闪现率等方面进行综合考虑。

借鉴警示标志前置距离计算的行驶 - 警觉 - 认知 - 操作模型来考虑彩色路面的设置位置及长度，模型如图 5-10 所示，假设初始速度为 v_0，认知时间为 t_1，决策和操作时间为 t_2，则可采用式（5-1）～式（5-3）对彩色路面长度进行计算。

$$L_{ac} = v_0 \times t_1 \tag{5-1}$$

$$L_{ce} = v_0 \times t_2 \tag{5-2}$$

$$l = L_{ac} + L_{ce} + L - D \tag{5-3}$$

▲ a）块状

▲ b）条形

▲ c）长形

▲ d）条块相接

图 5-9　彩色路面铺筑样式

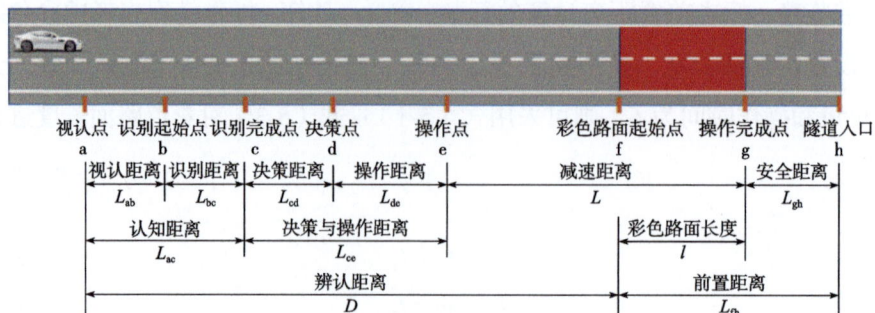

图 5-10　驾驶知觉 - 行为模型

在最不利辨认距离情况下，对不同速度过渡情况和不同减速度设计情况下的辨认视距和彩色路面设置长度的最小值进行计算，统计结果如表 5-5 所示。

表 5-5　彩色路面最短设置长度值推荐表

加速度 a (m/s²)	100~120km/h			80~100km/h			60~80km/h			40~60km/h		
	l (m)	*D* (m)	总长 (m)	*l* (m)	*D* (m)	总长 (m)	*l* (m)	*D* (m)	总长 (m)	*l* (m)	*D* (m)	总长 (m)
3	59	148	207	43	129	172	28	108	136	17	84	101
2	74	161	235	54	142	196	35	119	154	21	83	104
1	123	197	320	60	148	208	60	148	208	35	117	152

当使用横向条纹样式彩色路面时，宜采用透视原理确定横向条纹的间距和宽度，如图 5-11 所示，其中 H 为驾驶员视点高度，D_1 为驾驶员视点到条纹 1 的水平距离，S 为相邻段间距，β 为驾驶员与条纹 1 的视线夹角，θ 为条纹 1 与条纹 2 之间的视线夹角。由于横向条纹是一种对比色，其宽度和间距可以同等进行考虑，计算公式为式（5-4）~式（5-8）。

$$\tan\beta = \frac{D_1}{H} \tag{5-4}$$

$$\tan(\beta + \theta) = \frac{D_1 + S}{H} \tag{5-5}$$

$$\theta = \tan^{-1}\frac{D_1 + S}{H}\tan^{-1}\frac{D_1}{H} \tag{5-6}$$

$$\tan\theta - \frac{HS}{H^2 + D_1^2 + D_1 S} \tag{5-7}$$

$$S = \frac{\tan(H^2 + D_1^2)}{H - D_1\tan\theta} \tag{5-8}$$

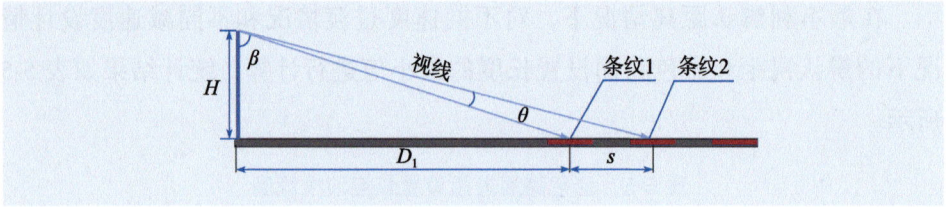

图 5-11　透视原理图

　　为了使驾驶员在隧道入口降低车速，彩色路面的条纹间距和宽度可适当采用渐窄设计，形成一种车速变快的视错觉，从而促使驾驶员降低车速。间距渐变示意图如图 5-12 所示，图中 x_0 表示第 1 条彩色路面的位置，将其定位初始位置为 0，$x_1 \sim x_n$ 表示第 2 条到第 n 条彩色路面的位置。假设初始车速为 v_0(m/s)，行驶时间为 t_n（s），加速度为 a(m/s²)，闪现率为 f，当闪现率 f 取值为 4fps 时不会影响驾驶舒适感。计算公式见式（5-9）~式（5-11），式中 x_n 为第 n 条彩色路面的位置，S_n 为相邻条纹间距。

$$x_n = \frac{1}{2}at_n^2 + v_0 t_n + x_0 = \frac{1}{2}a\left(\frac{n}{f}\right)^2 + v_0\left(\frac{n}{f}\right) + x_0 \qquad （5\text{-}9）$$

$$x_{n-1} = \frac{1}{2}at_{n-1}^2 + v_0 t_{n-1} + x_0 = \frac{1}{2}a\left(\frac{n-1}{f}\right)^2 + v_0\left(\frac{n-1}{f}\right) + x_0 \qquad （5\text{-}10）$$

$$S_n = x_n - x_{n-1} \qquad （5\text{-}11）$$

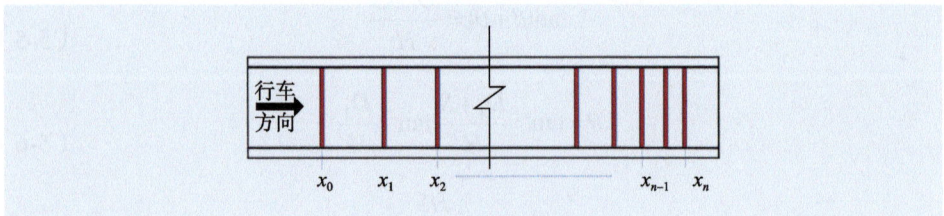

图 5-12　间距渐变示意图

　　总体而言，洞门类型决定了隧道洞口景观的整体布局，不同洞门类型强调的构景元素也有所差异。附录 E 列举了我国公路隧道洞口景观典型案例。

公路隧道洞内景观
作用和设计方法

Tunnel Aesthetics
Landscape Evaluation and
Design of Highway Tunnels

隧道美学

公路隧道景观评价与设计

6.1 公路隧道洞内景观在交通系统中的作用

隧道在改善公路线形、缩短运行距离、提高运输能力和保护自然环境等方面具有重要的作用。我国近年来修建了大量的公路隧道，截至 2023 年底，我国已建成全国公路隧道 27297 处、3023.18 万延米，增加 2447 处、344.75 万延米，其中特长隧道 2050 处、924.07 万延米，长隧道 7552 处、1321.38 万延米。以往公路隧道洞内墙壁常以灰黑色混凝土为主，缺少颜色装饰，造成洞内行车环境单调而压抑，驾驶员长时间在单一的驾驶环境中行驶容易产生视觉疲劳，从而诱发交通事故。

研究发现，隧道洞内信息会对驾驶行为产生一定影响，隧道洞内的色彩装饰导致驾乘人员获取的环境信息量发生变化，且驾驶员的主观评价和驾驶行为与洞内环境信息密切相关。为了保证行车安全，行车环境对行车特征的影响已经引起了学者们的极大关注。根据调查统计，道路景观环境改善后，交通事故率有较大幅度的降低。因此，越来越多的公路隧道选择在隧道内部设置景观来改善洞内的行车环境，如秦岭终南山隧道、二郎山隧道、城开隧道、米仓山隧道等均采用了不同装饰风格的洞内景观带。良好的洞内景观在改善行车环境、提高驾驶舒适性和安全性、增加隧道附加价值等方面发挥了积极作用，具体表现如下。

（1）改善隧道洞内驾驶环境。

常规的隧道洞内环境狭窄幽暗、空气混浊、噪声较大，大面积的昏暗色彩给驾驶员带来较大的视觉负荷和较差的驾驶体验。而适当的景观带设计，可以给昏暗单调的隧道洞内环境增添几分生机，让原本狭窄阴暗的隧道环境变得优美明朗，优化视觉体验，给驾驶旅途增加趣味性。

（2）提高驾驶舒适性和安全性。

特长隧道呈狭窄的管状空间，其特殊的结构给驾乘人员很强的压抑感。若隧道照明不足、视觉环境单一，则会加重压抑感。因此，通过合适的色彩、图案、灯光等洞内装饰设计可以改变单调昏暗的洞内环境，进而提升驾驶舒适性。另一方面，昏暗单调的隧道内部环境会加速驾驶员的疲劳累积，且在隧道内长时间行驶，驾驶员会不自觉地产生逃逸心理，加之隧道内缺乏有效的参照物，驾驶员的速度感知能力降低，极易发生超速，甚至超车等危险行为。良好的隧道洞内景观可达到缓解驾驶疲劳、提升速度感知能力等作用，且能避免过度吸引驾驶员注意力，从而提高驾驶安全性。

（3）增加隧道的附加价值。

国内既有隧道洞内景观设计大部分处于起步阶段，少数采用景观带设计的隧道，其景观带也较为单一，设计几乎"千隧一面"，多数采用常规颜色的单色、双色整体涂装或腰线设计，此类设计缺少地域性、文化性，无法反映品质工程特点和文化特色，造成了环境单一、无特色等问题。旅游和公路的发展相互影响，因此需将"交通＋旅游"的思路融入公路设计的各个方面，其中隧道洞内景观带可成为良好的载体，发挥"景观隧道"的优势作用。

6.2 公路隧道洞内景观设计方法

隧道作为交通设施，其结构特性使其成为道路上最大的半封闭区间，因此隧道洞内景观不同于一般建筑设施和道路景观，它是隧道洞内所能看见的各种人造景观与结构设施的综合体，如图 6-1 所示。公路隧道洞内景观设计方法经历了从最早的纯文字表述、图片展示，再到目前应用较多的三维立体建模，呈现出直观逼真的洞内景观环境。随着数字化技术的不断发展，借助人机交互平台和虚拟仿真，建立人、车辆与环境三者之间的互馈关系，进而对行车环境进行预评价，已成为隧道洞内景观设计方法的新趋势。

图 6-1　隧道洞内景观

6.2.1　隧道洞内景观设计方法的发展历程

（1）文字表述。

在隧道设计的早期阶段，设计人员主要通过项目设计说明（施工图）采用纯文字表述的方式来描述隧道的装饰方案。针对隧道内部的边墙部分，常常建议使用瓷砖或者涂料进行涂装。对于颜色的选择，通常会推荐使用标准色彩，或者由业主自行决定。隧道的拱顶部分则采用涂料进行美化，颜色的选择同样可以采用标准色彩，或者由业主自行确定。图 6-2 所示为延延（延安至延川）高速公路隧道内壁装饰。

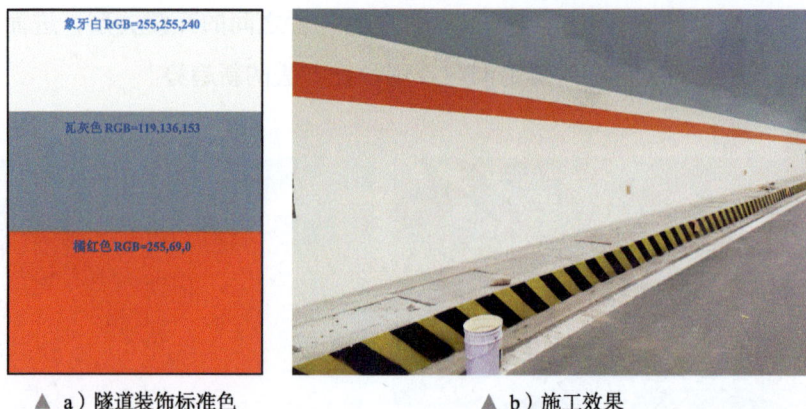

▲ a）隧道装饰标准色　　　　　　　▲ b）施工效果

图6-2　延延高速公路隧道内壁装饰设计

（2）图片展示。

随着隧道设计数量的增加，为了更好地展示设计方案，设计人员在隧道设计图纸中附上彩色效果图和说明（图6-3），以便建设单位和相关人员更好地理解和评估设计方案。这样的方式可以使设计方案更加直观，提高协作效率。

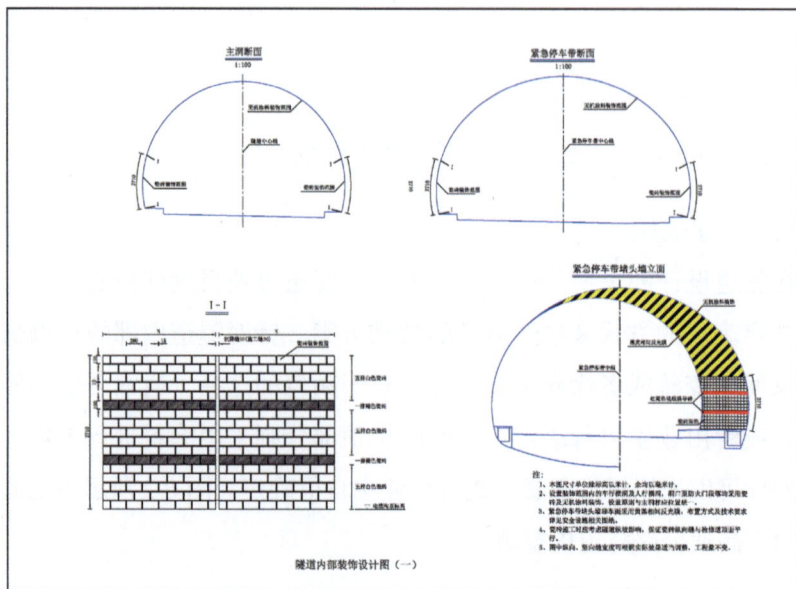

图6-3　某隧道洞内涂装设计说明

（3）三维（3D）立体建模。

　　近些年，公路隧道洞内景观设计得到进一步发展，丰富多彩的景观效果不断涌现，由最早的对隧道内场景图片进行简单的美化处理，到现在采用 3D 建模技术将隧道结构以及各类元素融入景观设计效果图中（图 6-4）。设计师们致力于打造更加生动、逼真的隧道景观效果。

图 6-4　洞内景观设计 3D 模型

　　在设计元素的选取方面，一般会融入当地的历史文化和民俗风情或者具有典型代表意义的大事件（如冬奥会特色标志）等。这使隧道的装饰不仅具有审美的景观效果，同时也能够传递当地特色和文化底蕴。

（4）基于人机交互的洞内景观设计。

　　公路隧道洞内景观以动态的视觉效果呈现给驾乘人员，是一种动态视觉艺术，因此进行隧道洞内景观设计时，应考虑驾驶员的动态视觉特性。目前，最新采用的方法是基于人体感知的数字化人机交互设计。应用计算机和驾驶模拟器搭建人机交互平台，利用虚拟仿真技术模拟公路隧道洞内场景，开展驾驶模拟试验，并借助传感器实时记录驾乘人员在行车过程中的心理、生理状态和行车数据，根据动态评价指标反馈景观设计效果，进而优化设计变量。虚拟隧道场景通过设置车流、灯光、噪声等特效增强沉浸感，以反映驾乘人员的真实行车感受。基于人机交互的洞内景观设计如图 6-5 所示。

　　这种基于人机交互的景观设计方法不仅可以提升隧道洞内景观装饰的设计质量，还可以为保证行车过程的安全性和舒适性提供科学依据，是公路隧道洞内景观设计发展的新方向。

图 6-5　基于人机交互的洞内景观设计

6.2.2　洞内景观设计动态评价指标

据国内学者对京珠高速公路韶关段隧道群交通事故的分析，与驾驶员直接有关的交通事故占事故总数的 53%，而在这些受驾驶员直接影响导致的事故中，由于驾驶员注意力分散、感知迟缓、心理紧张或疏忽大意等因素直接导致的感知错误和判断错误造成的事故数约占 81%，而其余 19% 的操作错误也往往与心理紧张程度密切相关，如图 6-6 所示。由此可知，在隧道交通事故中，驾驶员心理状态发挥着至关重要的作用，直接影响高速公路隧道交通安全。

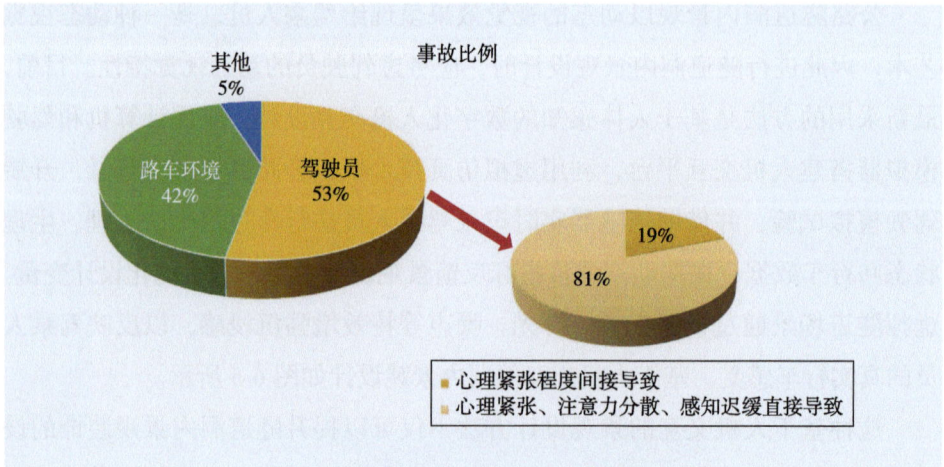

图 6-6　导致隧道交通事故各因素比例

根据心理物理学提出的"刺激 - 反应"关系（即当人受到周围环境刺激而引起心理情绪波动时，人体生理心理状态和行为特征会直接快速地发生变化），提出瞳孔大小、眼动追踪、驾驶绩效和生理信号四个方面的动态评价指标，对公路隧道洞内景观设计效果进行预评价。

（1）瞳孔大小。

瞳孔是外界光线进入眼睛的通道，其大小会随光线的强弱而变化。当进入隧道环境后，驾驶员由明亮环境进入幽暗环境，瞳孔则会自主增大以获得更多的光线；相反，在离开隧道环境时，驾驶员由幽暗环境重新进入明亮环境，其瞳孔又会自主缩小以减少光线的进入。当然，单靠瞳孔的变化不足以保证进入眼睛的光量是恒定的，合适的感光还需要视锥细胞和视杆细胞的联合作用。另外，瞳孔的变化若过于剧烈会造成视觉不适，甚至影响驾驶安全。除了受周围环境的明暗变化控制外，瞳孔还受人的注视和心理活动影响，但该影响机制仍未有定论。此外，相关研究表明，随着驾驶疲劳程度的加深，驾驶员的瞳孔也会缓慢减小。

（2）眼动追踪。

眼动追踪包括注视时长、注视次数、扫视、眨眼等，这些指标能够很好地体现驾乘人员对任务的感知和理解过程。注视时长表征驾驶员对某一区域刺激信息的关注程度以及提取信息所需要的时间，与刺激信息的复杂程度有关；注视次数可以衡量驾驶员对信息搜索的效率，也能反映视觉区域的重要程度，与刺激信息的复杂程度关系较小；扫视行为是注视点或注视方位的突然改变，通过对扫视次数、扫视时间、扫视幅度、扫视速度进行描述，其中扫视幅度既能反映驾驶员视觉信息采集范围，又能反映采集范围内的信息数量；眨眼次数、眨眼持续时间均能反映驾驶员行车时的视觉疲劳程度，当驾驶员疲劳时，眨眼持续时间增长，但眨眼持续时间也与刺激信息的复杂程度有关，刺激信息越复杂，需要处理的信息量越大，眨眼持续时间越短。

（3）驾驶绩效。

驾驶员在通过隧道洞内景观区段时，注意力受到洞内环境的影响，驾驶员对景观的关注会占用驾驶员视觉及认知资源，导致驾驶员对车辆的横向及纵向控制能力发生改变，影响驾驶安全。参照驾驶分心测试已有研究成果，确定行驶速度、加速度、车辆横向位移、转向盘转角、车头间距、制动板踏力等作为驾驶绩效指标。车辆行驶速度的离散性与事故率相关，速度离散性越大，事故率越高；在横向操控方面，转向盘回转率增大，车辆横向位置标准差减小，车道保持能力越高；在纵向操控方面，节气门开度、制动踏板位置方差越大，反应时间越长，速度标准差越低；出现视觉分心时车道保持能力、车速控制和制动行为控制能力均下降，车头时距变长，碰撞时间更小，车速更高，反应时间变长。

（4）生理信号。

心率、皮电、脑电、血压等生理信号是用来评价认知负荷的指标。通常人在正常安静的状态下，心率波动处于较小的范围内。当人的情绪发生变化时，心率会产生较大波动。例如当人的情绪变为激动、紧张或害怕时，心率就会增加；当人的情绪变为轻松、愉悦或舒适时，心率就会保持平稳，心率波动减小。

公路隧道洞内景观设计

Tunnel Aesthetics
Landscape Evaluation and Design of Highway Tunnels

隧道美学

公路隧道景观评价与设计

随着以人为本、绿色公路理念的深入人心，越来越多的人关注到了隧道洞内环境的提升和改善，洞内景观从最初的单一色彩装饰过渡到丰富多彩的壁面装饰。基于对国内既有隧道洞内景观设计案例的统计及分析，本章分别从拱顶装饰、侧壁装饰以及特长公路隧道洞内渐变景观带对驾驶安全和舒适性的影响开展驾驶模拟试验研究，并给出设计建议。

7.1　公路隧道拱顶装饰设计

7.1.1　国内隧道拱顶装饰调研分析

通过调查研究，选取我国近 300 座公路隧道洞内装饰案例进行统计分析，发现我国公路隧道拱顶的装饰颜色主要包括灰色、蓝色、白色、黄色以及非纯色，统计结果如图 7-1 所示，其中拱顶采用灰色进行装饰的公路隧道数量占 47%，接近统计数量的一半，蓝色、白色、黄色所占比例几乎相等，均为 15% 左右。隧道内部拱顶装饰采用的颜色与隧道的建设时期有很大关系，早期修建的隧道一般以灰色为主，近些年才逐渐出现浅黄色、浅蓝色等拱顶装饰色彩。

调研过程中发现，近年来，设计院逐步开始采用浅色系列（如浅黄色、浅蓝色）进行拱顶装饰，并且所占比例逐步提升，一些长大隧道通过景观带的设计对拱顶进行特殊装饰。隧道拱顶装饰颜色的使用与地域及设计院的设计习惯有关，如辽宁庄盖高速公路的一系列隧道洞内均采用黄色拱顶，云南富龙高速公路的一系列隧道洞内均采用蓝色拱顶。

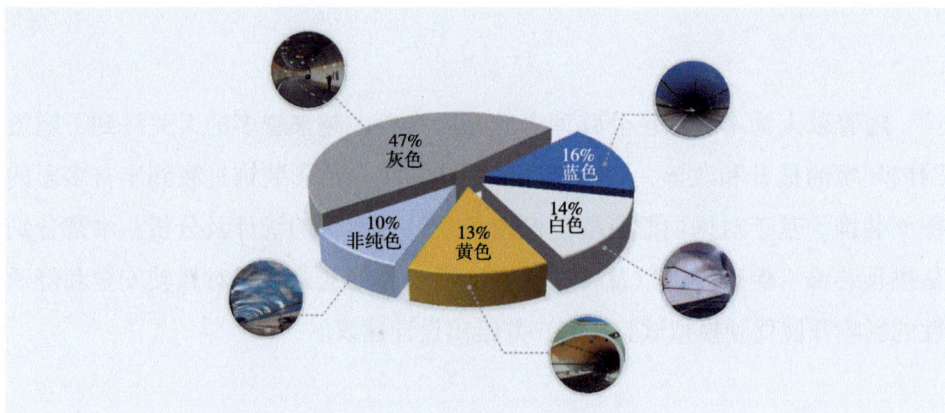

图 7-1　我国公路隧道拱顶装饰颜色统计

7.1.2　试验方案

为了分析隧道拱顶装饰颜色对行车舒适性及安全性的影响，本试验选取了 5 种拱顶装饰方案，即白色、灰色、浅黄色、深蓝色、蓝天白云壁画装饰，如图 7-2 所示。为了避免照明差异造成的影响，5 种试验方案的照明设置一致，并且符合照明设计规范要求。

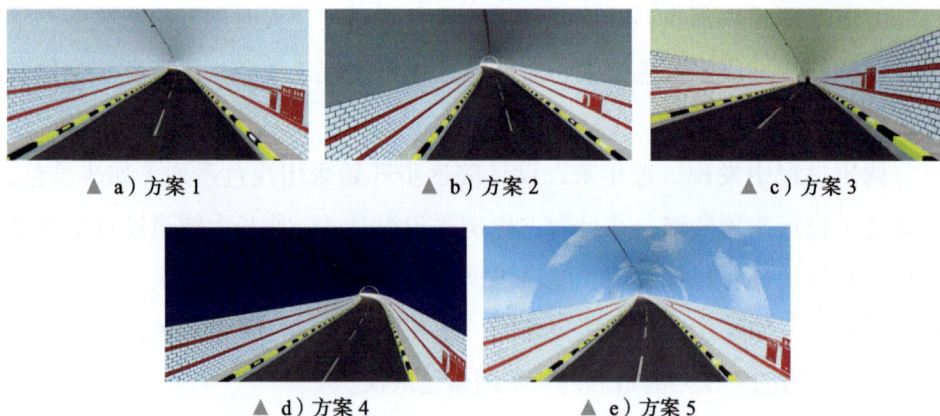

▲ a）方案 1　　　　　▲ b）方案 2　　　　　▲ c）方案 3

▲ d）方案 4　　　　　▲ e）方案 5

图 7-2　试验方案

本试验过程应用自主开发的隧道景观环境仿真驾驶模拟系统（附录 C），根据驾驶员瞳孔直径变化和心率变化情况，从行车安全性和舒适性的角度，对 5 种拱顶装饰方案进行评价。

7.1.3 试验过程

考虑到试验数据的真实性与广泛性，样本容量的选择基于预期方差、目标置信度和误差幅度，以此计算所需的样本容量大小，计算公式为：

$$n=\frac{Z_{\alpha/2}\sigma^2}{E^2} \qquad (7\text{-}1)$$

式中：n——样本容量大小；

　　　Z——标准的正态分布统计；

　　　σ——标准偏差；

　　　E——最大误差。

本文选取 20% 的显著性水平来反映未知参数 80% 的置信度。当置信度为 80% 时，$Z_{\alpha/2}=1.282$；σ 的取值介于 0.25 ~ 0.5 之间，但由于驾驶模拟测试的限制，其值取为 0.25；E 取为 10%。计算出所需的最小样本容量为 9 人。因此，选取 10 名持证驾驶员为参与者，包括 7 名男性和 3 名女性，年龄介于 20~40 岁（按中国驾驶员的性别及年龄比率计算）。所有参与者必须有至少两年的驾驶经验，并拥有在隧道中驾驶的经验。此外，参与者不得色盲或色弱，具有正常的裸视或矫正视力。为了避免外部因素的影响，受试者在试验前 1h 没有剧烈运动，在试验前 12h 内没有饮酒或摄入咖啡因，并确保睡眠充足，测试前及测试期间，试验人员状态均良好。此外，测试的目的、位置和顺序没有事先通知。为了避免其他电信号干扰采集仪器，所有无关的电子设备在测试过程中均关闭。

（1）测定静心率。

试验前，驾驶员关掉身边的电子设备，闭眼静坐休息，驾驶员平静后开始测试静心率，每位驾驶员测试 5min，取平均值作为静心率。

（2）熟悉驾驶模拟设备。

告知试验者该驾驶模拟器的正确操作方法，请被试者在道路模拟场景中自由驾驶 15min，如图 7-3 所示。

图 7-3　被试者熟悉训练

（3）眼动仪标定。

试验者熟悉驾驶模拟系统的操作方法后，室外休息 10min，恢复正常生理和心理状态后，佩戴眼动仪设备并进行三点标定，同时采集当前瞳孔直径，标定合格后才能进行正式试验，标定过程如图 7-4 所示。

图 7-4　被试者标定过程

（4）正式试验。

被试者根据个人驾驶习惯，驾驶模拟车辆依次通过 5 座隧道，试验过程中，记录人员关注设备的运行状态，如果设备中途故障，则认为数据无效，调整后重新启动试验。被试者每通过一座隧道后休息 10min，以此重新建立最初的心理、生理状态，并且重新标定，直到完成所有模拟测试，试验过程如图 7-5 所示。

图 7-5 试验过程

7.1.4 试验结果

（1）瞳孔直径。

影响瞳孔大小的主要因素有光照强度、颜色和情绪，其中瞳孔大小受光照强度影响最大，为了使瞳孔大小的变化与隧道拱顶颜色更紧密相关，测试过程中要严格控制光照。影响试验亮度环境的因素包含四个方面：模型中颜色的自身亮度、材质的亮度与反射率等、屏幕的亮度、试验室环境亮度。模拟试验中，尽量做到严格控制亮度影响因素，以确保不同试验方案中亮度的改变仅与隧道拱顶颜色设置有关。另外，经 ETG 眼动分析软件获取的数据样本量庞大，因此选取 2s 内的左右眼睛瞳孔直径平均值作为一个数据点，以此分析不同试验方案的瞳孔直径变化规律。

由于被试者在进行不同试验方案的驾驶过程中，瞳孔直径的变化规律较为一致，因此以被试者 4 和 9 的瞳孔直径变化为例进行说明，如图 7-6 所示，横坐标（1）表示车辆进入隧道入口的时刻，横坐标（24）表示车辆离开隧道的时刻。

▲ a）被试者 4

▲ b）被试者 9

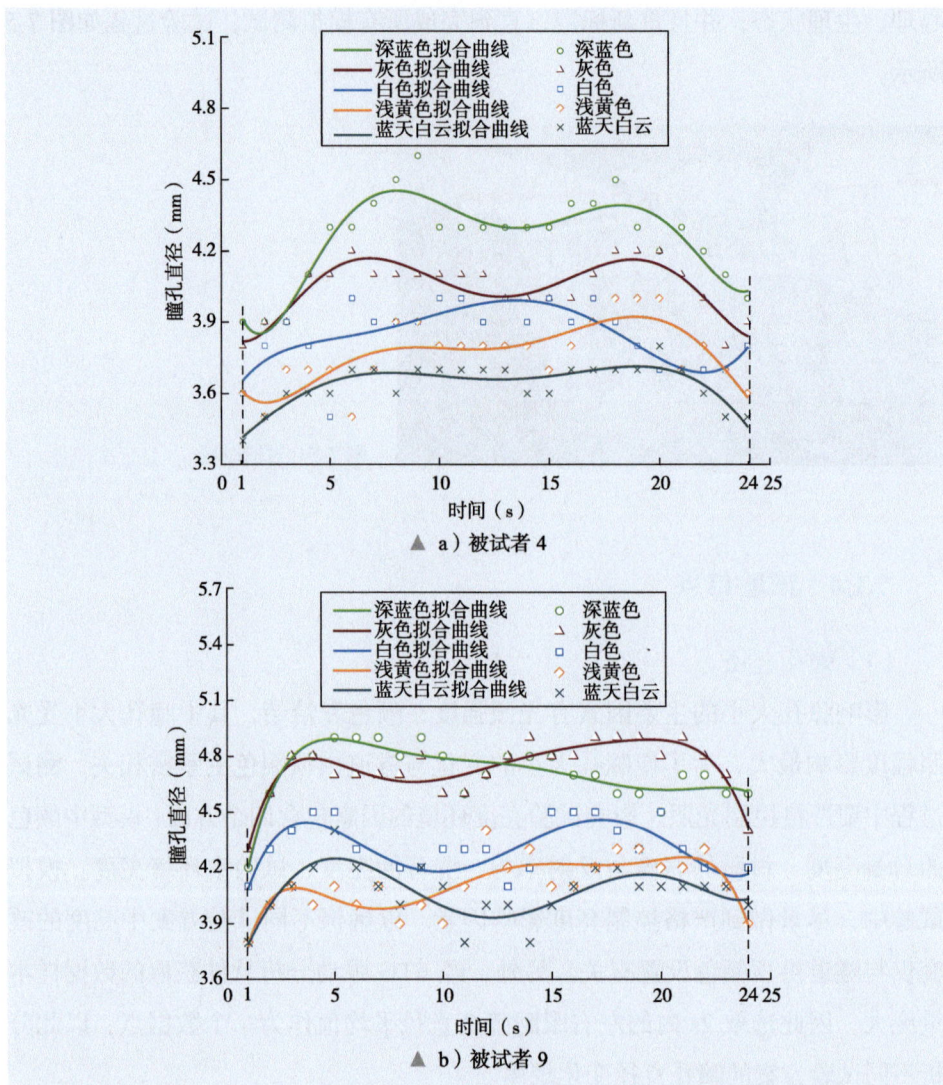

图 7-6　瞳孔直径变化曲线

由被试者 4 和 9 的瞳孔直径变化曲线可知，在隧道进出口段，驾驶员的瞳孔直径变化很大。进入隧道时瞳孔直径显著增大，驶出隧道时瞳孔直径显著减小，这种现象主要是由于隧道内外的亮度差异造成的。当从开放环境驾驶到封闭环境时，驾驶员会有紧张感，瞳孔直径会在一定程度上增加。被试者受洞内外亮度环境影响的区段主要集中在隧道出、入口 5 ~ 50 m 的距离，因此删除这两段的数据点，从隧道中间段选取 20 个试验数据点。表 7-1 是试验完成后所有被试者的瞳孔直径平均值。

表 7-1　被试者瞳孔直径平均值（单位：mm）

被试者	深纯色		浅纯色		蓝天白云
	深蓝色	灰色	浅黄色	白色	
1	4.71	4.78	4.55	4.45	4.31
2	3.75	3.83	3.53	3.59	3.41
3	3.95	3.65	3.6	3.62	3.34
4	4.31	4.09	3.8	3.87	3.67
5	4.25	4.35	4.07	4.21	3.93
6	4.52	4.46	3.99	4.11	4.07
7	4.6	4.76	4.29	3.92	4.16
8	4.47	4.18	4.00	4.13	4.2
9	4.75	4.78	4.14	4.33	4.09
10	3.42	3.37	2.94	3.14	3.05

从试验结果可以得出，驾驶员在灰色和深蓝色环境下驾驶时的瞳孔直径明显大于白色、浅黄色和蓝天白云环境，说明深颜色给驾驶员带来了更强烈的紧张和不适感。在 5 组隧道拱顶装饰颜色中，蓝天白云环境下的瞳孔直径普遍较小，波动不明显。蓝天白云属于浅色系装饰，营造了更加开放的驾驶环境，减少了封闭压抑的感觉，在一定程度上提高了驾驶舒适度。隧道拱顶装饰颜色对驾乘人员的影响顺序为深纯色＞浅纯色＞蓝天白云。

（2）瞳孔直径变化率。

基于瞳孔直径指标，瞳孔面积变化率可以反映驾驶员的行车状态。根据已有研究成果，将驾驶员在行车过程中舒适、较紧张和很紧张状态下瞳孔面积变化率 U 的阈值界定为：①舒适时，$U < 20\%$；②较紧张时，$20\% \leqslant U \leqslant 40\%$；③很紧张时，$U > 40\%$。

人的瞳孔形状近似圆形，因此用瞳孔直径变化率代替瞳孔面积变化率 D_i 进行驾驶安全性分析，即：

$$D_i = \frac{d_i - \bar{d}}{\bar{d}} \times 100\%$$

（7-2）

式中：D_i——驾驶员 i 时刻在隧道内行驶时的瞳孔直径变化率（%）；

d_i——驾驶员 i 时刻在隧道内行驶时的瞳孔直径（mm）；

$\bar{d}$——驾驶员在无驾驶状态下的平均瞳孔直径（mm）。

因此，将行车舒适性阈值调整为：①舒适时，$D_i < 10\%$；②较紧张时，$10\% \leqslant D_i \leqslant 18\%$；③很紧张时，$D_i > 18\%$。

采用社会科学统计软件包(SPSS)对隧道拱顶装饰颜色方案进行显著性差异分析，进而研究隧道拱顶装饰颜色对驾驶行为的影响。对实测的瞳孔直径变化率进行正态性检验，结果见表 7-2。数据分析系统（Statistical Analysis System，SAS）规定，当样本量 $n \leqslant 2000$ 时，采用 Shapiro-Will（W 检验）方法；当样本量 $n > 2000$ 时，采用 Kolmogorov-Smirnov（D 检验）方法。由于本试验的自由度为20，采用 W 检验，计算显著性结果 $P > 0.05$。此外，分位数 - 分位数图（Q-Q 图）上的点近似地在一条直线附近，而且该直线的斜率为标准差，截距为均值（图 7-7），表明数据点符合正态分布，所以收集到的数据可以用来检验试验方案对瞳孔直径变化率的显著性影响。

表 7-2　瞳孔直径变化率正态性检验表

方案	统计量	自由度	P 值
白色	0.971	20	0.775
灰色	0.912	20	0.069
浅黄色	0.971	20	0.786
深蓝色	0.934	20	0.183
蓝天白云	0.974	20	0.839

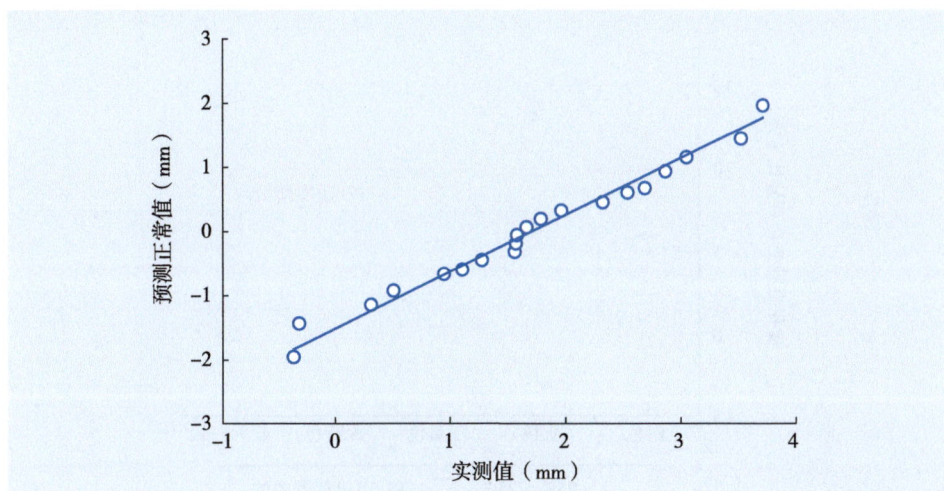

图 7-7 *Q-Q* 图

本研究采用单因素方差分析对每位驾驶员的瞳孔直径数据进行差异检验：若 $F \geqslant F_a$，则认为该因素对试验结果有显著影响。部分被试者的差异检验结果见表 7-3。

表 7-3 瞳孔直径方差分析

被试者	参数	平方和	自由度	方差	*F* 值
1	组间误差（SSA）	5.5453	4	1.3863	60.5915
	组内误差（SSE）	2.6312	115	0.0229	—
	总误差（SST）	8.1764	119	—	—
2	SSA	9.5997	4	2.3999	88.1657
	SSE	3.1304	115	0.0272	—
	SST	12.7300	119	—	—

F_a=2.4567，*F* 值均大于 F_a，说明 5 种隧道拱顶装饰颜色方案下瞳孔直径变化率差异显著。进一步通过箱形图分析 5 种拱顶装饰方案下瞳孔直径变化率的分布情况，如图 7-8 所示。

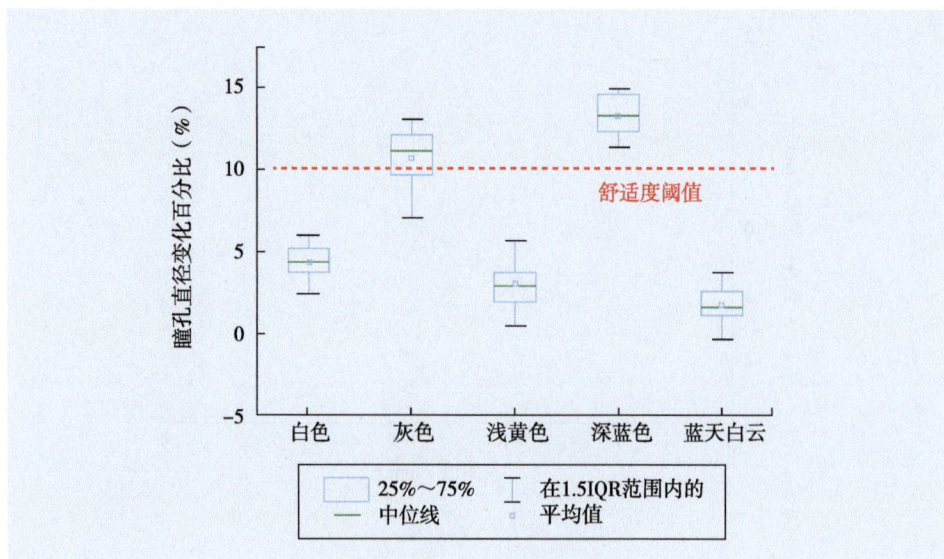

图 7-8　瞳孔直径变化率箱形图

箱形图直观地反映了数据的分布，由图 7-8 可以看出，5 种方案的 D_i 均小于 18%，没有出现"非常紧张"的状态，说明 5 种方案下的驾驶员均处于"舒适"和"比较紧张"状态。深色方案对驾驶员瞳孔变化率的影响显著高于浅色，深蓝色和灰色方案下驾驶员在大部分时间处于比较紧张状态。浅色方案下的瞳孔变化率四分位数均小于深色方案，即在隧道拱顶浅色系装饰环境下，驾驶员能够较快地适应环境，驾驶感觉更舒适。

因此，根据不同试验方案下被试者瞳孔直径变化率的分布情况，可以得出：深蓝色对驾驶舒适性的影响最大，其次是灰色，会使驾驶舒适性降低；浅色对驾驶舒适性影响小，对驾驶舒适性有提升作用。综合瞳孔直径和瞳孔直径变化率结果，隧道拱顶装饰颜色对驾驶员瞳孔变化的影响排序为：深蓝色＞灰色＞白色＞浅黄色＞蓝天白云。

（3）心率增长率。

借鉴日本及相关文献的研究成果，驾驶员心率 HR 波动越小，驾驶舒适度越高。心率增长率 N_i 大于 20% 时，驾驶员感到有所紧张；N_i 大于 30% 时，驾驶员表现为非常紧张，并且其心理紧张程度逐渐增加，易导致交通事故的发生；N_i 大于 40% 时，驾驶员心理表现为极度紧张，则驾驶员在此交通环境中行车对交通安全极为不利，应避免此情况的发生。

心率增长率 N_i 的计算公式为：

$$N_i = \frac{n_i - \bar{n}}{\bar{n}} \times 100\%$$ （7-3）

式中：N_i——驾驶员 i 时刻在隧道内行驶时的心率增长率（%）；

n_i——驾驶员 i 时刻在隧道内行驶时的心率（bpm）；

$\bar{n}$——驾驶员在无驾驶状态下的平均心率（bpm）。

通过对每一位驾驶员的心率增长率进行处理，得到 5 种试验方案的平均心率增长率，如图 7-9 所示。

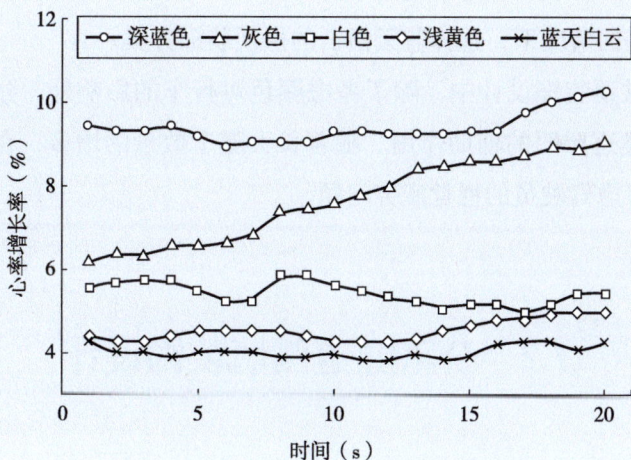

图 7-9　心率增长率随时间的变化曲线

可以看出，深色方案下驾驶员的心率增长率普遍高于 6%，其中，深蓝色比灰色对驾驶员的影响更大，在灰色装饰方案中，驾驶员的心率增长率随时间出现明显递增；在浅色装饰方案中，驾驶员的心率增长率相对较小，在 3% ~ 6% 之间，驾驶过程中的心理状态相当稳定，其中，白色对驾驶员的影响略大于浅黄色和蓝天白云。

综上所述，心率增长率与瞳孔直径变化率所反映的规律一致，表明无论从驾驶员的生理角度，还是心理角度，拱顶颜色对驾驶员的影响规律是相同的，即深蓝色＞灰色＞白色＞浅黄色＞蓝天白云。

7.1.5　小结

（1）基于自主开发的驾驶仿真平台，提出了一种通过分析驾驶员的瞳孔直径和心率来评价隧道拱顶装饰设计的方法。

（2）隧道拱顶装饰为深色时，驾驶员的情绪波动更大、更紧张，当隧道拱顶装饰采用浅色时，驾驶舒适性得到提高。因此，从驾驶舒适性的角度出发，建议在选择隧道拱顶装饰颜色时，以浅色为主。

（3）在 5 种试验方案中，蓝天白云的装饰方案是最适合驾驶的。建议在经济条件允许的情况下，选择蓝天白云的拱顶装饰方案。

在隧道拱顶装饰设计中，除了考虑颜色对行车的影响外，建议在今后的研究中考虑隧道照明的辅助作用。随着长大隧道数量的增多，在隧道拱顶装饰设计中应考虑驾驶员的视觉疲劳问题。

7.2　公路隧道侧墙装饰设计

7.2.1　国内隧道侧墙装饰调研分析

通过资料搜集，选取我国 173 个隧道侧墙装饰案例进行统计，统计数据涵盖了河北、陕西、山西等多个省份。统计结果如图 7-10 所示，隧道侧墙的装饰颜色主要以白色、灰色、黄色为主，其中白色侧墙装饰的隧道占 75.72%，灰色侧墙装饰的隧道占 14.45%（灰色多为无装饰，衬砌自身的材料色），黄色侧墙装饰的隧道占 9.83%。隧道侧墙装饰风格与隧道修建时期相关，早期的隧道侧墙多为不装饰，近年来随着设计理念的不断完善以及人们对精神需求的不断提升，一些设计院开始逐步采用壁画装饰隧道洞内，且所占比重逐步提升。

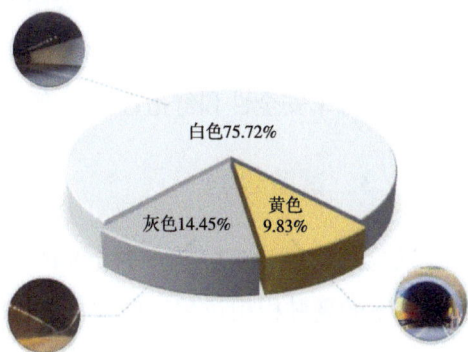

白色75.72%

黄色
9.83%

灰色14.45%

图 7-10　国内隧道侧墙装饰颜色统计图

7.2.2　试验方案

为了分析隧道侧墙装饰对行车舒适性及安全性的影响，本试验选取了白色涂料、瓷砖和蓝天白云壁画 3 种侧墙装饰方案，并开展驾驶模拟试验，隧道拱顶装饰均采用蓝天白云的设计，即 7.1 节对于隧道拱顶装饰研究所得出的最优设计方案，隧道洞内装饰模型如图 7-11 所示。

▲ a）白色涂料方案

▲ b）瓷砖方案

▲ c）蓝天白云壁画方案

图 7-11　隧道侧墙装饰设计方案

本试验过程应用自主开发的公路隧道景观环境仿真驾驶模拟系统（见附录 C），依据式（7-2）和式（7-3）计算驾驶员瞳孔直径变化率 D_i 和心率增长率 N_i，从行车安全性和舒适性的角度，对 3 种侧墙装饰方案进行评价。

7.2.3　试验过程

试验过程同 7.1.3 节，同样选取 10 名被试者，每位被试者依次完成 3 个试验方案的驾驶模拟过程，两次试验之间需要休息 10min。

7.2.4　试验结果

（1）瞳孔直径平均值。

试验过程借助 ETG 眼镜式眼动仪对不同隧道侧墙装饰方案下驾驶员的瞳孔直径进行测量，从而分析隧道洞内侧壁装饰对驾驶员行车舒适性的影响。根据眼动仪采集的数据，以每秒的左右眼瞳孔直径平均值来分析隧道侧壁装饰对驾驶员行车舒适性的影响。为消除随机性与个体差异，进一步对所有驾驶员的瞳孔直径取平均值。测试期正常瞳孔直径为 3.1 mm，瞳孔直径变化规律如图 7-12 所示，被试者瞳孔直径平均值见表 7-4。

表 7-4　所有试验者瞳孔直径平均值（单位：mm）

被试者	白色涂料方案	瓷砖方案	蓝天白云壁画方案
1	3.56	3.30	3.05
2	3.54	3.02	2.95
3	3.37	3.53	3.18
4	3.27	3.28	2.92
5	4.02	3.97	3.52
6	4.27	3.98	3.59
7	3.75	3.90	3.25
8	3.96	4.02	3.56
9	4.24	4.03	3.45
10	3.93	4.24	3.76

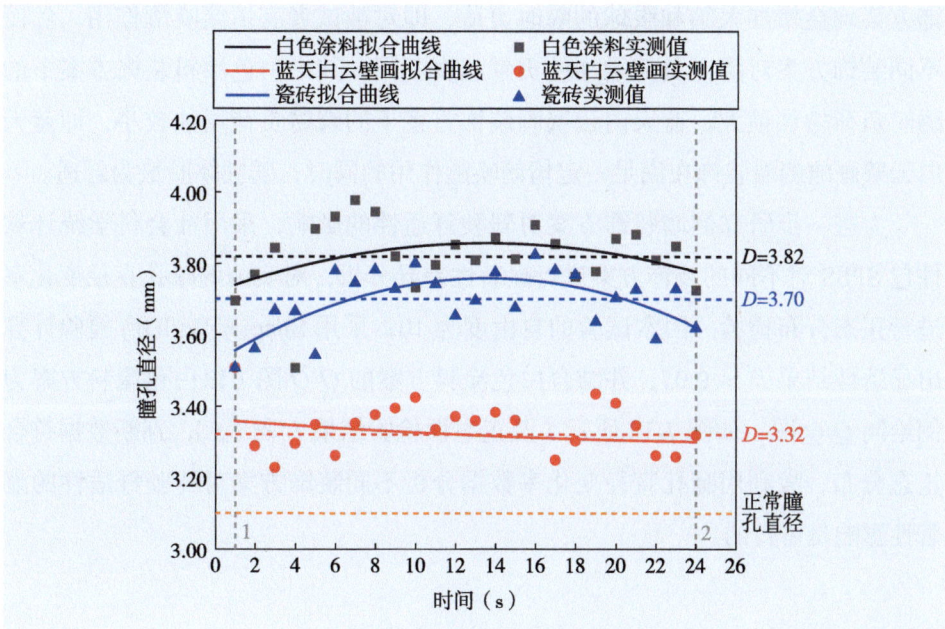

图 7-12 3 种装饰方案的瞳孔直径随时间的变化曲线

从测试结果可以看出，3 种装饰方案下，瞳孔直径的大小依次为：白色涂料＞瓷砖＞蓝天白云壁画。从拟合曲线的变化趋势来看，白色涂料装饰与瓷砖装饰下，驾驶员在进入隧道后瞳孔直径增大，而接近出口时瞳孔直径减小，这是由于隧道内外的亮度差异及驾驶员的心理状态共同导致的。从开放环境进入封闭环境时，驾驶员会产生紧张感，瞳孔直径会有一定的增大。但试验时已排除环境亮度及屏幕亮度的影响，因此，产生该现象的原因主要是驾驶员的心理状态。从而可以得出在驶入隧道直至驶离隧道的过程中，白色涂料装饰驾驶员的心理状态变化最大，瓷砖装饰则次之，而蓝天白云壁画装饰下的驾驶员心理波动最小，认为此时驾驶员处于较舒适的行车状态。

瞳孔直径的大小可以反映瞬时脑力负荷和眼球负荷的信息，当瞬时负荷增大时，瞳孔直径也随之增大。从图 7-12 中所得 3 种装饰方案的瞳孔平均值及表 7-4 中所列各试验人员的瞳孔直径平均值可以发现，采集到的数据及计算得出的瞳孔直径平均值绝大部分均大于测试期正常瞳孔直径，这表明 3 种装饰方案均会增加大脑和眼球的瞬时负荷，即对被试者有情绪唤醒作用，然而不同装饰方案对瞬时负荷增加的贡献程度不同，其中白色涂料装饰方案下的瞬时负荷增加最大，蓝天白云壁画装饰方案下的瞬时负荷增加较小，即蓝天白云壁画的侧墙装饰在满足一定情绪唤醒作用的同时，驾驶体验最为舒适。

为进一步研究侧墙装饰方案对驾驶舒适性的影响，采用社会科学统计软件包 SPSS 对不同的装饰方案进行显著性差异分析，对实测的瞳孔直径变化率进行正态分布检验。因本试验的自由度为 10，采用 Shapior-Will(W) 检验计算出显著性结果 $P > 0.05$，并结合白色涂料方案的 $Q\text{-}Q$ 图（以白色涂料方案为例绘制 $Q\text{-}Q$ 图，如图 7-13 所示）及正态性检验结果（表 7-5），判断数据符合正态分布，故利用瞳孔直径变化率数据分析不同装饰方案对驾驶舒适性的显著性影响是可行的。

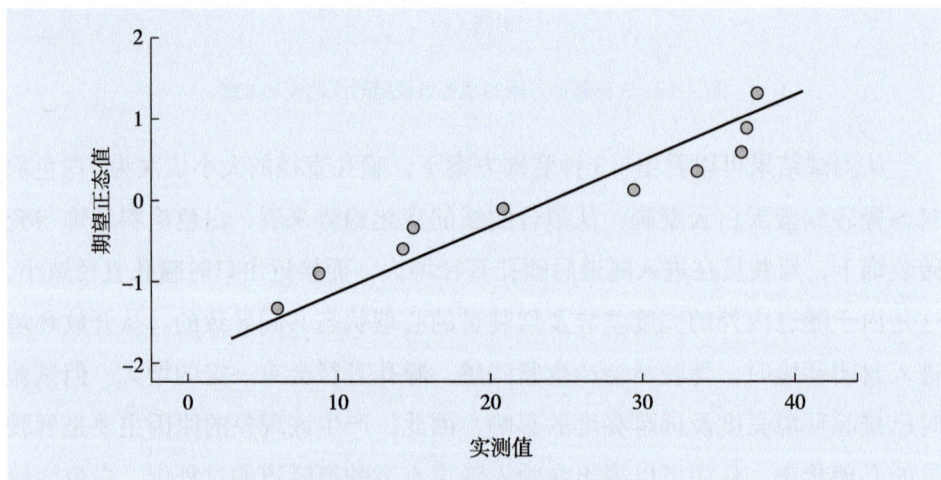

图 7-13　白色涂料装饰 $Q\text{-}Q$ 图

表 7-5　样品 W 检验的正态性检验

项目	统计量	自由度	显著性 P
白色涂料装饰	0.880	10	0.131
蓝天白云壁画装饰	0.938	10	0.533
瓷砖装饰	0.859	10	0.074

本研究采用单因素方差分析对每位驾驶员的瞳孔直径数据进行差异检验。如果 $F \geqslant F_a$，则认为该因素对试验结果有显著影响，测试结果见表 7-6。

表 7-6　瞳孔直径变化率的方差分析

项目	平方和	自由度	均方	F 值	显著性
组间	856.089	2	428.045	4.410	0.022
组内	2620.944	27	97.072	—	—
总计	3477.033	29	—	—	—

因为 F=4.410 > $F_{0.05}$(4,27)=3.354，且显著性系数为 0.022 < 0.05，表明 3 种不同的侧墙装饰方案下瞳孔直径变化率差异显著。进一步绘制箱形图分析 3 种装饰方案下瞳孔直径变化率的分布情况，如图 7-14 所示。

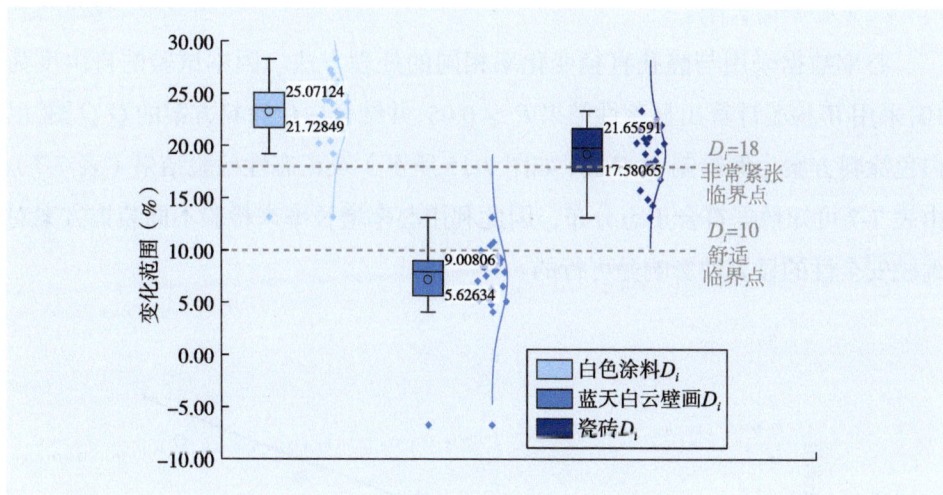

图 7-14　3 种装饰方案的瞳孔直径变化率

箱形图直观地反映了个体数据的分布情况，分析了 3 种不同侧壁装饰方案下驾驶员瞳孔直径大小变化百分比。由图可知，白色涂料方案与瓷砖方案的大部分数据点超过了 D_i=18%，说明这两种装饰方案下的驾驶员基本都处于非常紧张的状态，两种装饰方案其余点也均位于 10% ~ 18% 的区间内，推测出这两种装饰方案下的驾驶员全程驾驶舒适度较低；蓝天白云壁画装饰方案的绝大部分数据点均位于 D_i=10% 以下，个别数据点位于 10% ~ 18% 之间，且距离 10% 较近，表明蓝天白云装饰方案下的驾驶员基本处于舒适状态，驾驶舒适度较高。白色涂料方案的四分位范围大于瓷砖及蓝天白云壁画方案，说明白色涂料方案的驾驶员瞳孔状态不稳定，蓝天白云壁画方案的四分位范围最小，则表明蓝天白云壁画的设计方案能够让驾驶员最快时间适应环境，其次是瓷砖装饰方案。根据不同装饰方案下的驾驶员瞳孔直径变化率分布情况，可以得出：白色涂料装饰对驾驶员的影响最大，其次是瓷砖装饰，两种装饰方案均导致驾驶舒适度降低；蓝天白云壁画装饰对驾驶舒适性影响最小，对驾驶员干扰较小。根据侧墙装饰方案对驾驶员瞳孔直径变化率的影响程度排序为：白色涂料＞瓷砖＞蓝天白云壁画。

（2）心率增长率。

心率数据采用与瞳孔直径变化率相同的处理方法。因本试验的自由度为 10，采用 W 检验计算出显著性结果 $P > 0.05$，并结合白色涂料方案的 Q-Q 图（以白色涂料方案为例绘制 Q-Q 图，如图 7-15 所示）及正态性检验结果（表 7-7）。由表 7-7 可知数据符合正态分布，因此利用心率增长率来检验不同装饰方案对驾驶安全性的显著性影响是可行的。

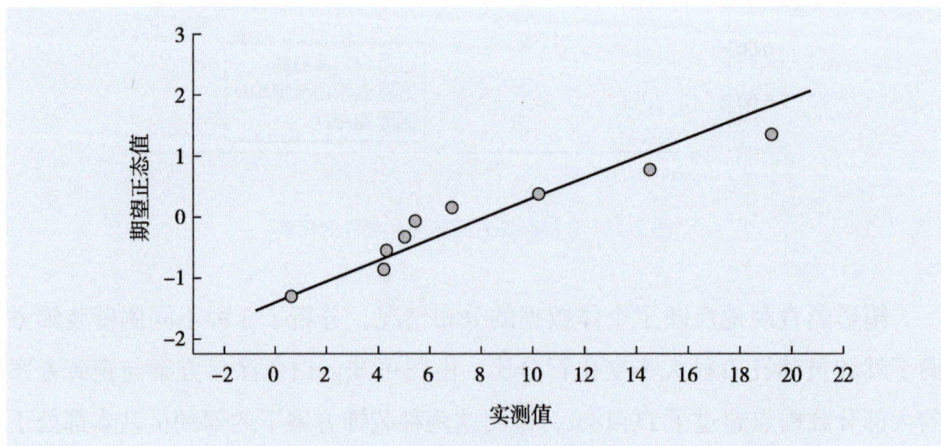

图 7-15　白色涂料装饰 N_i Q-Q 图

表 7-7　样品 W 检验的正态性检验

项目	统计量	自由度	显著性 P
白色涂料装饰	0.918	10	0.341
蓝天白云壁画装饰	0.859	10	0.074
瓷砖装饰	0.852	10	0.062

本研究采用单因素方差分析对每位驾驶员的心率增长率进行差异性检验。如果 $F \geq F_a$，则认为该因素对试验结果有显著影响，差异测试结果见表 7-8。

表 7-8　心率变化百分比的方差分析

项目	平方和	自由度	均方	F 值	显著性
组间	89.904	2	42.452	1.504	0.240
组内	762.026	27	28.223	—	—
总计	846.931	29	—	—	—

因为 F=1.504 $<$ $F_{0.05}$(2,27)=3.354，显著性系数 0.240 $>$ 0.05，说明 3 种侧壁装饰方案下心率增长率差异性不显著。因此，不同侧墙装饰方案对驾驶安全性无显著性影响。进一步绘制箱形图分析 3 种装饰方案下心率增长率的分布情况，如图 7-16 所示。

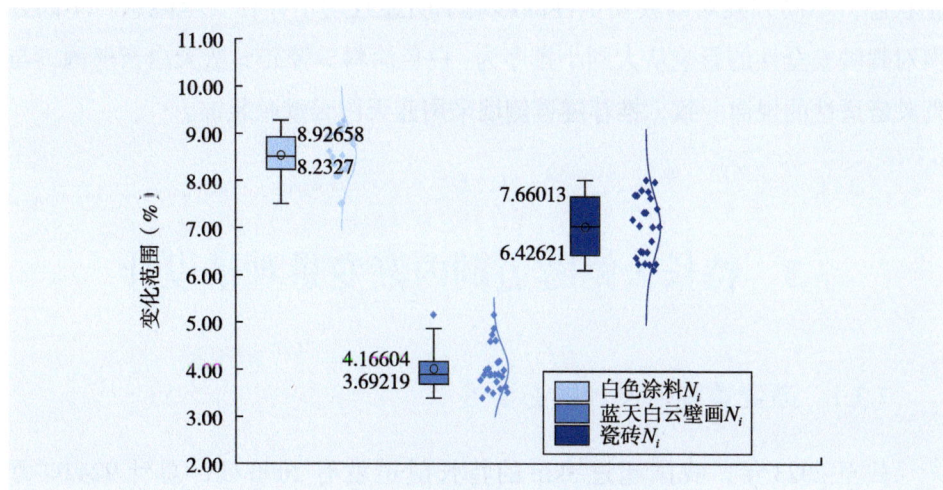

图 7-16　3 种装饰方案下心率增长率

箱形图直观地反映了个体数据的分布情况，分析了 3 种不同侧壁装饰方案下驾驶员的心率增长率。从图 7-17 可以看出，3 种装饰方案下的驾驶员心率增长率均低于 20%，说明 3 种装饰方案下的驾驶员均未出现紧张情绪，未对驾驶安全造成不利影响。结合图 7-15 可以看出，驾驶员心率增长率与瞳孔直径变化率的统计结果具有一致的变化规律，隧道侧墙装饰方案对驾驶员心率增长率的影响程度从大到小依次为：白色涂料＞瓷砖＞蓝天白云壁画。

7.2.5　小结

（1）在 80% 的置信度下，对被试者的组成进行合理分配，采用驾驶模拟试验＋眼动数据和心率数据的试验方法具有普适性，能够反映驾驶员的生理反应，可适用于隧道洞内景观设计舒适性和安全性评价研究。

（2）从驾驶舒适性角度分析，不同方案对驾驶舒适度的影响显著，且不同方案均会增加大脑和眼球的瞬时负荷，其中白色涂料方案增加负荷最高，蓝天白云壁画方案最低。不同方案对驾驶舒适性的影响从大到小排序为：白色涂料＞瓷砖＞蓝天白云壁画。

（3）从驾驶安全性角度分析，3 种方案下的驾驶员心率变化率均处于不紧张状态，不同方案对驾驶安全性的影响不明显且均不存在安全隐患。不同方案对驾驶安全性的影响从大到小排序为：白色涂料＞瓷砖＞蓝天白云壁画，与驾驶舒适性的规律一致，推荐隧道侧墙采用蓝天白云壁画装饰。

7.3　特长公路隧道洞内渐变景观带设计

7.3.1　渐变景观带设计的必要性

截至 2023 年，我国超过 3km 的特长隧道就有 2050 处，总计 924.07 万延米，其中已建成的秦岭终南山公路隧道总长度为 18.02km，目前在建的天山胜利隧道则长达 22.13km。长时间在隧道中行驶，驾驶员的敏锐性会极大降低，导致注意力不集中或偏移至无关事物，进入疲劳状态。相关资料显示，因长时间在隧道内驾驶而引发的交通事故数与隧道长度呈正相关。鉴于特长隧道全程设置景观的巨大经济投入和能源消耗，越来越多的特长隧道选择设置景观带来缓解驾驶疲劳。针对秦岭终南山隧道以及杨林隧道的实车试验发现，景观带可有效缓解隧道内驾驶员的疲劳感，隧道设置洞内景观带可以缓解驾驶员长时间隧道内行车的单调与乏味感，提高驾驶员的注意力，且隧道景观带的影响在驾驶员进入景观带之前就有所体现，且驾驶员在景观带前半段受到的影响更大，具体表现为注视范围有所扩大、对两侧隧道侧墙的注视时间有所增加。虽然特长公路隧道洞内设置景观带的做法逐渐增多，但目前尚未形成成熟的设计体系和有效的标准规范，因此设计过程随意性较大。在实际中由于照明设计、景观色彩基调及景观图案等因素，使得景观带的亮度往往高于正常隧道的亮度，而绝大多数隧道未设置景观带与普通隧道段的过渡，其强烈对比差异同样会让驾驶员感到不适，严重时可能会导致驾驶员在进入景观带时出现视觉震荡现象，存在一定安全隐患（图 7-17）。

图 7-17 我国隧道景观带与普通段对比显著的洞内实景

综上所述，目前隧道洞内景观带的设置逐渐受到人们的关注，相关研究集中在景观带对缓解驾驶疲劳的作用，而关于景观带与普通隧道段的过渡引起的驾驶不舒适感尚未开展研究。本节提出渐变景观带的方案，即在景观带与普通隧道段的连接段设置亮度及图案线性变化，给驾驶员在进出景观带时提供视觉缓冲段。针对接近和驶离 2 个方向，以及 6 种渐变长度设置了 12 种设计方案。为了实现控制变量并完成严格的重复性试验，本书编写团队自主开发驾驶模拟器，利用驾驶模拟平台，采集试验过程中驾驶员的眼动数据及瞳孔状态，探究不同方向及长度渐变方案的效果。主要解决以下问题：

①拱顶区渐变景观带是否会过度吸引驾驶员的注意力？

②景观渐变带是否对驾驶员产生影响？

③不同方向及长度的渐变方案效果如何？

7.3.2　试验方案

（1）建立试验场景。

通过对全国已建成的 31 座设置洞内景观带的公路隧道进行调查（附录 F），其中 7km 以上的特长隧道占 28 条，隧道洞内景观带的设置数量多为 1 个，景观带长度从 20m 到 400m 不等。景观带设计内容以自然风景为主，包括蓝天白云、彩灯、自然景观、四季风光等。调研结果发现采用蓝天白云的景观带设计使用频率最高，前述 7.1 节和 7.2 节均已验证洞内景观壁画装饰采用蓝天白云对驾驶舒适性和安全性最为有利。因此，试验方案中的隧道全长为 7km，隧道中间部位设置 1 处景观带，景观带长度为 300m。

根据调研结果，拱顶是隧道洞内装饰的主要区域，为了严格控制变量，所有的试验方案均采用蓝天白云的设计，并将景观带设置在隧道拱顶区。此外，目前洞内景观带通常是将图案装饰与照明加强进行联合设计，因此，景观带的亮度采用渐变模式，即普通照明与加强照明之间进行线性过渡，同理，景观带的图案在灰色与蓝天白云之间进行线性过渡，渐变方案效果如图 7-18 所示。

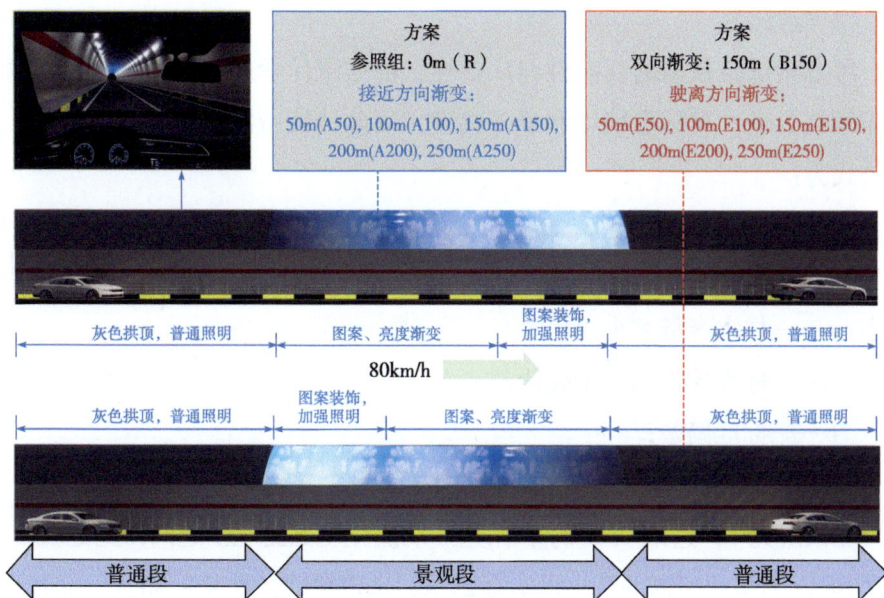

图 7-18　试验方案示意图

同时，为了避免周围照明的干扰，选择室内开展试验，试验过程中关闭灯光。为了探究隧道景观渐变带的设置效果，共设计了 12 组试验方案。其中"R"为参照组，表示无渐变景观带方案，"A50""A100""A150""A200""A250"分别表示景观带接近方向的 50m、100m、150m、200m 以及 250m 渐变方案，"E50""E100""E150""E200""E250"分别表示景观带驶离方向的 50m、100m、150m、200m 以及 250m 渐变方案，"B150"表示景观带起始及驶离方向均设置 150m 渐变方案。

依据《公路隧道设计规范　第一册　土建工程》（JTG 3370.1—2018），搭建较高真实度的隧道虚拟驾驶环境，隧道内的照明曲线设计及灯具布置依据《公路隧道照明设计细则》（JTG/T D70/2-01—2014）进行设置，最终照明设计参数详见附录 G。

（2）试验设备。

本试验过程应用自主开发的隧道景观环境仿真驾驶模拟系统，见附录 C。

（3）被试者。

考虑到试验数据的真实性与广泛性，依据统计学理论，样本容量的选择基于预期方差、目标置信度和误差幅度，以此计算所需的样本容量大小，计算公式为：

$$n=\frac{Z_{\alpha/2}^2\sigma^2}{E^2}$$ （7-4）

式中：n——样本容量大小；

$Z_{\alpha/2}$——标准的正态分布统计；

σ——标准偏差；

E——最大误差。

在该研究中，选取 95% 的置信度，σ 取值介于 0.25~0.5 之间，此处取 0.25；E 取 10%，计算出所需的最小样本为 23 人，选定被试者数量为 30 人。同时结合中华人民共和国公安部 2020 年 6 月公布的驾驶员年龄及性别数据，确定试验人员组成中男性占比为 66.7%，女性占比为 33.3%，人员组成具体信息见表 7-9。

表 7-9　被试者特征统计

类型	描述	频次	比例
年龄（岁）	18 ~ 25	3	10%
	26 ~ 35	10	33.33%
	36 ~ 50	12	40%
	> 50	5	16.67%
性别	男	20	66.67%
	女	10	33.33%
驾龄（年）	2 ~ 4	5	16.67%
	4 ~ 10	16	53.33%
	> 10	9	30%
是否为专业驾驶员	是	9	30%
	否	21	70%

所有被试人员必须具有至少 2 年的真车驾驶经验及隧道驾驶经历。此外，被试者不得为色盲或色弱，具有正常的裸视或矫正视力，且此前未接触过驾驶模拟设备。为了避免外部因素的影响，受试者在试验前 1h 没有剧烈运动，在试验前 12h 内没有饮酒或摄入咖啡因，并确保充足的睡眠，测试前及测试时试验人员均状态良好。此外，测试的目的、位置和顺序没有事先通知被试人员。为了避免其他电信号干扰采集仪器，所有无关的电子设备在测试过程中都被关闭。

7.3.3　试验过程

（1）准备阶段：工作人员介绍试验过程以及注意事项，辅助测试人员佩戴眼动仪、熟悉驾驶模拟系统并进行 20min 以上的练习。

（2）试验阶段：测试人员从隧道洞口前方一定距离出发并驶向隧道，接近洞口时打开车灯，隧道内行驶满足设计速度要求（80km/h），驶离隧道后，结束本次试验。

（3）同一被试人员相邻两次试验之间要有充分的休息时间，以确保每次的试验彼此独立，不相互影响，依次完成 12 个试验场景的驾驶模拟过程。

7.3.4　试验结果

试验场景包含 12 座隧道，每座隧道长 7km，景观带长 300m，设置于隧道中部。根据限速 80km/h 与景观带长度计算得知，景观带的行驶时间约 13.5s。考虑到在隧道中行驶时，景观带第一次出现在驾驶员视野中约为距离景观带 8s 的行车距离，因此在进行数据分析时决定取景观带及其前后各 300m（共 900m）的数据进行分析。运用 Python 编程对瞳孔数据的异常值（眨眼、闭眼等行为）进行剔除。

本节研究特长公路隧道渐变景观带对驾驶视觉特性的影响，因此以眼动数据和瞳孔直径变化作为评价指标（表 7-10），进而分析不同方向、不同长度的景观带设计方案对驾驶员视觉特性的影响规律。

表 7-10　评价指标

类型	指标	说明	单位
眼动数据	热图	表征注视点分布，反映驾驶员在此期间的分心情况	—
	注视次数	驾驶员的注视点在一段时间内分布在隧道内不同位置的数量，反映驾驶员在这段时间内的注意力分布情况	—
	注视时长	驾驶员对目标的平均注视时间（首次注视时长），反映不同要素的复杂程度对驾驶员的吸引力	s
瞳孔直径变化	适应时间 (Δt_i)	在下降阶段（上升阶段），瞳孔直径从最大值变为最小值（从最小值变为最大值）的时间	s
	极差 (Δh_i)	下降阶段（上升阶段）瞳孔直径最大值与最小值之差	mm
	变化率 (e_i)	在下降阶段（上升阶段），瞳孔直径极差与适应时间的比值，比值取绝对值	mm/s

（1）眼动指标。

①热图。

注视位置代表驾驶员视觉注意力的位置。一般来说，驾驶员会关注前方道路、路缘标线和周围车辆，这是驾驶员应处理且最吸引他们的重要信息。然而，驾驶员的空间注意力分布受到许多因素的影响，如驾驶环境和驾驶安全。因此，有必要分析不同渐变景观带下驾驶员的注视分布情况。不同方案的注视分布情况具有相似性，如图 7-19 所示，不同方案的注视点分布范围主要是道路正前方、路面、仪表盘，且无论是接近方向渐变还是驶离方向渐变，在拱顶景观带上的分布大体相同，都是较为零星的注视点散布。

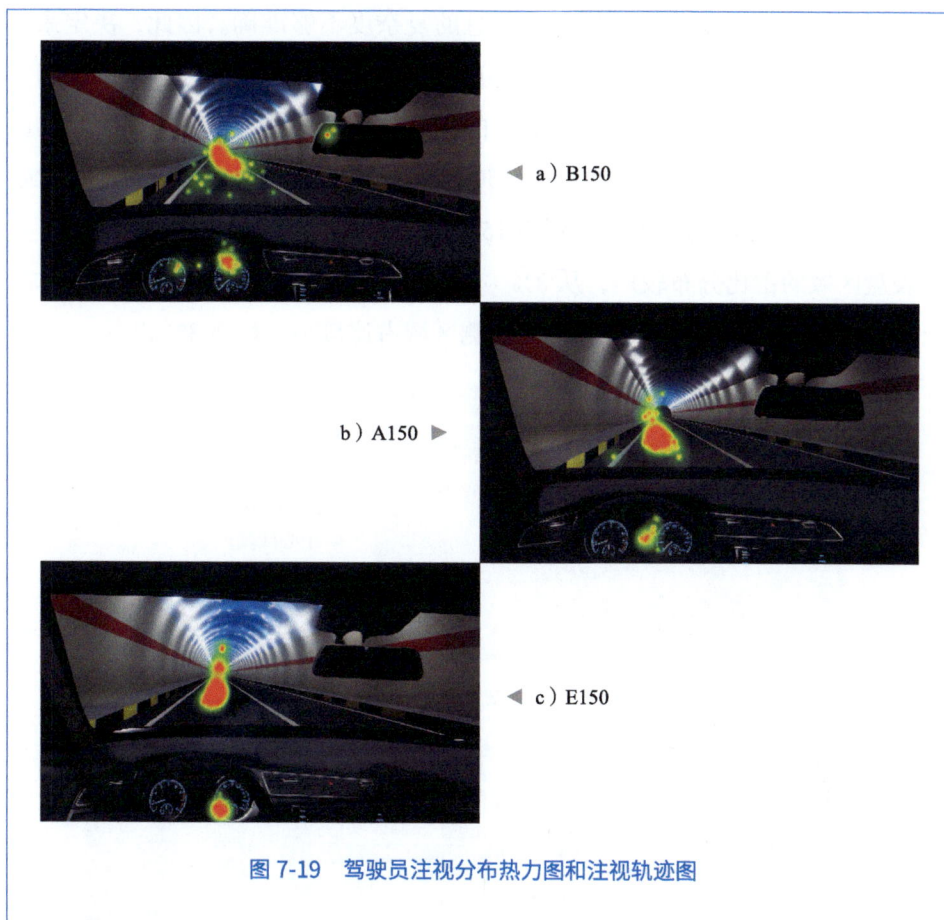

图 7-19　驾驶员注视分布热力图和注视轨迹图

②注视次数。

参考已有研究成果，根据驾驶员处理的视觉信息类型将视觉区域进一步划分为 6 个区域，如图 7-20 所示。道路区域代表前方道路，中心区域反映了中心视觉区域，仪表盘区域指汽车驾驶室仪表盘，左、右侧区域分别指左、右侧边墙，上部区域指拱顶（景观带）。

注视次数与环境信息的复杂程度相关。当环境信息复杂程度较高时，驾驶员需要更多的驾驶信息，这些信息决定了做出正确决策所需的注视次数。但考虑到不同驾驶员的驾驶习惯不同，其总注视次数也不尽相同，所以仅依据注视不同区域的次数来评定环境信息的复杂度不够准确。因此，决定采用不同区域注视次数占总注视次数的百分比来进行研究。图 7-21 展示了 12 组方案下测试人员对视觉空间中每个分区的注视次数百分比。其中道路区域的注视次数最高，均超过 50%，A100 及 A150 两个方案高达 63%；其次是中心区域，除了 A100 及 A150 两个方案分别为 15% 和 12% 外，其余方案均在 20% 以上；仪表盘区域的占比分布较广，从 8% ~ 25% 不等，但大多数方案在 15% 左右；上部区域占比较小，约 5%。左侧和右侧区域占比最小，均在 3% 以下。

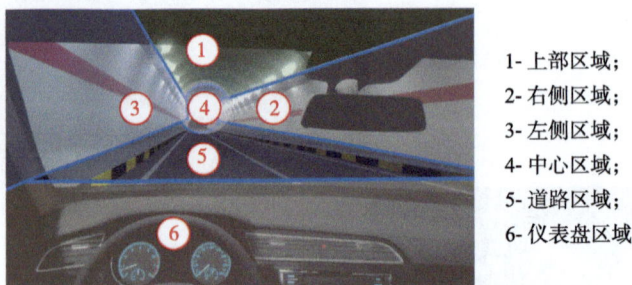

1- 上部区域；
2- 右侧区域；
3- 左侧区域；
4- 中心区域；
5- 道路区域；
6- 仪表盘区域

图 7-20 驾驶员视觉区域划分

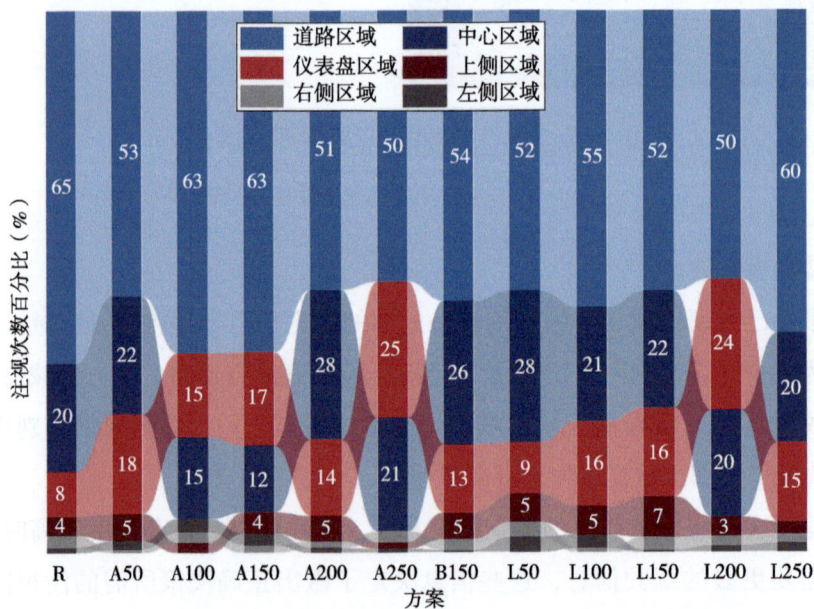

图 7-21 12 组方案下测试人员对视觉空间中每个分区的注视次数百分比

表 7-11 为洞内上部区域的平均注视时长和首次注视时长。景观带接近方向的平均注视时长为 0.283s，略低于驶离方向的 0.304s，因此不论景观带设置在接近方向还是驶离方向，渐变景观带对被试者的吸引程度相近。

表 7-11　上部区域平均注视时长、首次注视时长（单位：s）

方案	R	A50	A100	A150	A200	A250	B150	E50	E100	E150	E200	E250
平均注视时长	0.263	0.332	0.233	0.310	0.314	0.179	0.233	0.332	0.229	0.355	0.285	0.320
首次注视时长	0.160	0.237	0.190	0.274	0.242	0.136	0.108	0.229	0.226	0.237	0.224	0.241

（2）瞳孔直径。

综合比较驾驶员通过景观带过程（接近 - 进入 - 驶离）中的瞳孔直径数据变化，总体上呈先下降后上升的趋势，呈现出开口较大的"V"字形（图 7-22）。因此从最低点将瞳孔直径变化曲线分为下降和上升阶段，并分别取瞳孔直径极差与对应的时间长度，将该时间段长度称为适应时间，进而计算得出各阶段的瞳孔直径变化率，即：

$$e_i = \frac{\Delta h_i}{\Delta t_i} \qquad (7-5)$$

式中：e_i——不同阶段的瞳孔直径变化率（mm/s）；

Δh_i——不同阶段的瞳孔直径极差，规定下降阶段其值为负，在上升阶段其值为正（mm）；

Δt_i——适应时间，即极差所对应的时间戳长度（s）。

$i=1$ 为下降阶段，$i=2$ 为上升阶段。本书将瞳孔直径变化率 e_i 的绝对值定义为驾驶员通过景观带时的适应性，其值越小，说明在通过景观带时瞳孔直径整体变化越缓和，适应性越好。

考虑到不同的试验方案及试验人员间的个体差异性，研究采用了单因素方差分析来研究瞳孔直径与不同拱顶渐变方案间的关系，分析驾驶员生理指标与隧道驾驶环境、渐变景观带间的影响。

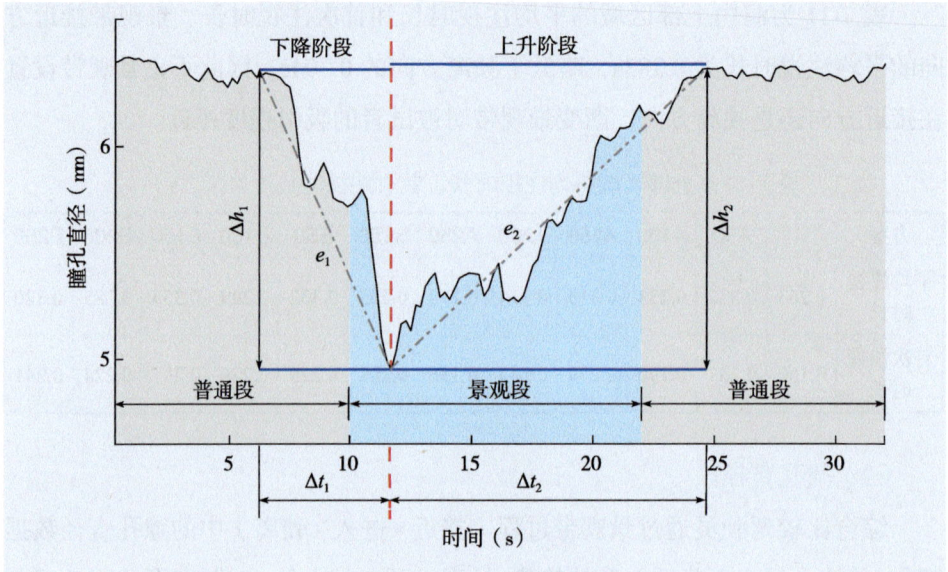

图 7-22　瞳孔直径变化率

求取各组数据平均值及标准差并绘制成相应的箱形图。应用统计学，利用 Shapiro-Wilk 检验分别对适应时间及相应的瞳孔直径极差数据在正态性检验合格后进行单因素方差分析。为了量化结果的显著性。选用 η^2 作为影响效应的评估指标，计算公式如下：

$$\eta^2 = \frac{S_b}{S_t} = \frac{S_b}{S_b + S_w}$$

（7-6）

式中：η^2——关系强度；

　　　S_b——组间方差；

　　　S_w——组内方差；

　　　S_t——总误差平方和。

Ferguson 总结了社会科学领域三个参数水平对应的效应大小临界参考值，即 0.01、0.25 和 0.64。效应值越大，说明该指标影响越显著。

方差检验结果如表 7-12 所示，除了下降阶段的适应时间及其瞳孔直径变化率外，其余指标均不具有显著性，而下降阶段的适应时间（$F=26.720$，

$P=0.000 < 0.01, \eta^2=0.96392 > 0.64$)及瞳孔直径变化率($F=2.647, P=0.004 < 0.01$，$\eta^2=0.72222 > 0.64$) 存在非常强烈的显著性。

表 7-12　方差检验结果

指标	阶段	F 值	P 值	η^2
瞳孔直径极差 Δh_i	下降	0.629	0.802	0.38583
	上升	1.613	0.100	0.5301
适应时间 Δt_i	下降	26.720	0.000***	0.96392
	上升	0.823	0.617	0.45142
瞳孔直径变化率 e_i	下降	2.647	0.004***	0.72222
	上升	0.893	0.548	0.500

注：* 表示 $P < 0.1$(显著性程度)，** 表示 $P < 0.05$，*** 表示 $P < 0.01$。

图 7-23~ 图 7-25 为各方案瞳孔直径极差、适应时间及瞳孔直径变化率箱形图。无论下降阶段还是上升阶段，不同方案的瞳孔直径极差值变化不大，其均值分布于 1.1 ~ 1.5mm 之间，整体规律为在 R 方案上下波动。而适应时间则表现出一些有趣的差异，首先下降阶段的适应时间（均值为 3.3 ~ 5.5s）整体小于上升阶段（均值为 8.1 ~ 10s），其次下降阶段的适应时间随着接近方向渐变长度的增加而增加，但与驶离方向渐变长度关联不大，与之对应的所有方案在上升下降阶段的适应时间并无明显不同。由式（7-2）可知，在瞳孔直径极差变化不大的情况下，瞳孔直径变化率与适应时间呈反比例关系，如图 7-25 所示，下降阶段的瞳孔直径变化率总体大于上升阶段，且下降阶段的瞳孔直径变化率随着接近方向渐变长度的增加而减小。

为探究瞳孔直径变化率与景观渐变带长度的内在联系，分别对接近方向和驶离方向设置景观渐变带进行进一步分析。对于接近方向设置景观渐变带，将下降阶段与上升阶段的各组变化率平均值绘制散点图（图 7-26），其中黑色为下降阶段，红色为上升阶段。以渐变带的长度为横坐标（接近方向为正），进行线性拟合，得到下降阶段直线线性方程为：

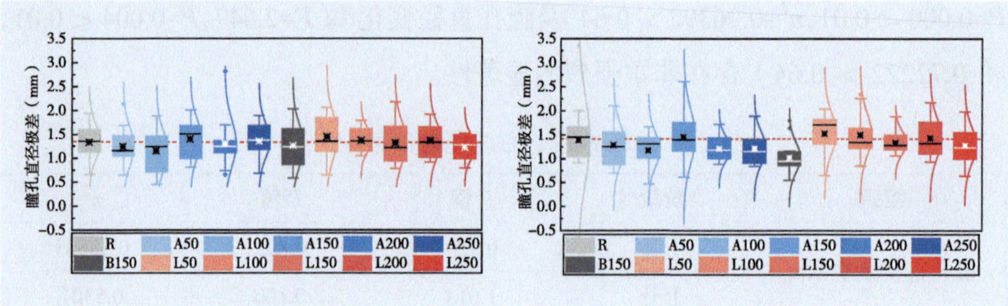

▲ a）下降阶段　　　　　　　　　　▲ b）上升阶段

图 7-23　瞳孔直径极差

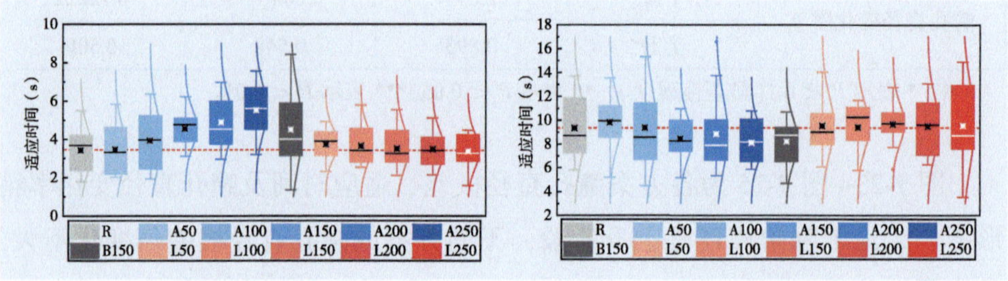

▲ a）下降阶段　　　　　　　　　　▲ b）上升阶段

图 7-24　适应时间

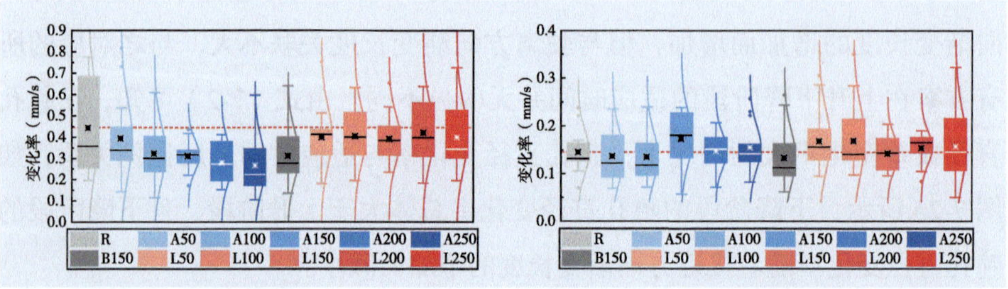

▲ a）下降阶段　　　　　　　　　　▲ b）上升阶段

图 7-25　瞳孔直径变化率

$$y_1 = 7.10 \times 10^{-4} x - 0.42 \qquad (x \in [0, 250],\ R^2 = 0.998 \rightarrow 1) \tag{7-7}$$

对于上升阶段，其散点图分布近似水平分布。通过线性拟合，得到直线方程为：

$$y_2 = 2.06 \times 10^{-5} x + 0.15 \qquad (x \in [0, 250],\ R^2 = 0.993 \rightarrow 1) \tag{7-8}$$

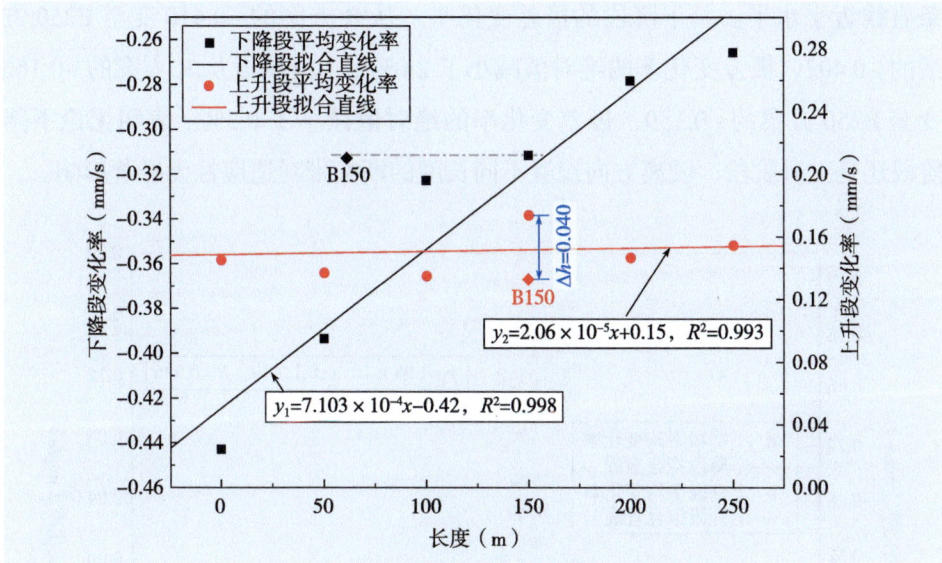

图 7-26　接近方向设置景观渐变带方案瞳孔分析

由于 R^2 接近于 1，所以两条直线的拟合效果好。下降阶段直线 y_1 呈现单调递增趋势，即接近方向渐变带越长，极差变化率 e_i 的绝对值越小（瞳孔直径变化率 e_i 的绝对值越小，适应性越好）。同时，极差变化率 e_i 从 R 方案的 −0.420 降至 250 方案的 −0.243，极差变化率的绝对值减少了 42.3%。而上升阶段拟合直线近乎水平直线，极差变化率 e_i 从 R 方案的 0.150 增至 250 方案的 0.155，极差变化率的绝对值增加了 3.4%。

对于驶离方向设置景观渐变带，将下降阶段与上升阶段的各组变化率平均值绘制散点图（图 7-27），其中黑色为下降阶段，红色为上升阶段。以渐变带的长度为横坐标（驶离方向为负），对下降阶段进行线性拟合，得到线性方程为：

$$y_3 = -3.23 \times 10^{-5}x - 0.41 \qquad (x \in [-250, 0], R^2 = 0.998 \rightarrow 1) \qquad (7\text{-}9)$$

上升阶段线性拟合，得到直线方程为：

$$y_4 = 1.98 \times 10^{-6}x + 0.16 \qquad (x \in [-250, 0], R^2 = 0.996 \rightarrow 1) \qquad (7\text{-}10)$$

由于 R^2 接近于 1，因此两条直线的拟合效果较好。由图 7-27 可知，这两

189

条直线近乎水平。且下降段的极差变化率 e_i 从 R 方案的 −0.410 变至 E250 方案的 −0.402，极差变化率的绝对值减小了 2.0%；上升阶段从 R 方案的 −0.160 变至 E250 方案的 −0.159，极差变化率的绝对值减小了 0.3%。表明无论下降阶段还是上升阶段，驶离方向设置不同长度的渐变带对适应性无显著影响。

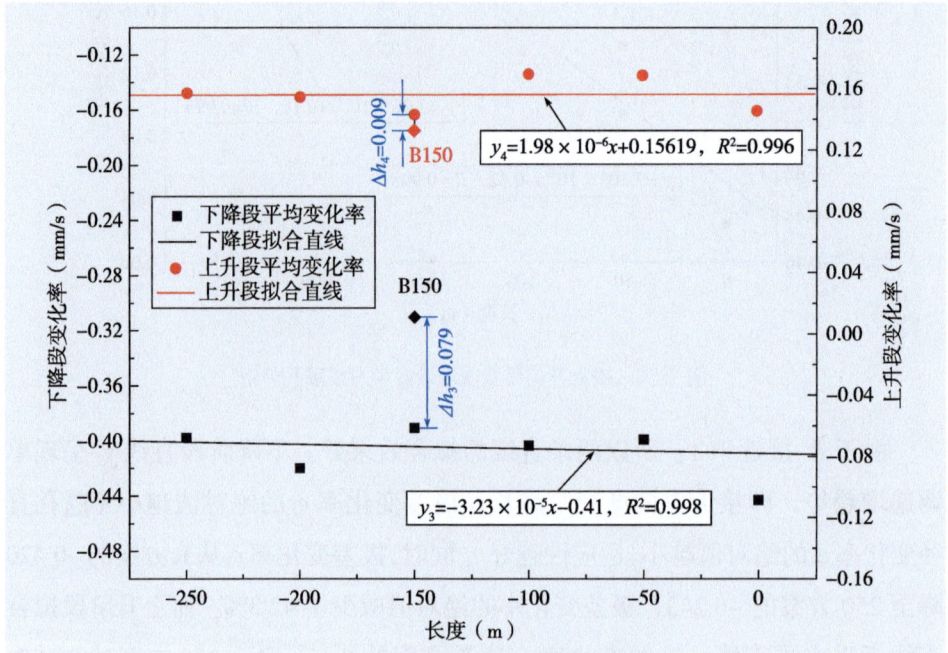

图 7-27　驶离方向设置景观渐变带方案瞳孔分析

综合对比图 7-23 ~ 图 7-27 可知：在景观带接近方向，渐变带的长度对下降阶段的适应性影响较为显著。即随着渐变长度的增加瞳孔直径适应时间逐渐提高，进而降低下降阶段的瞳孔直径变化率，提高了驾驶员的适应性，但是对上升阶段的影响不大。与之对应的是在景观带驶离方向设置渐变带则对下降及上升阶段均未见明显影响。

7.3.5　小结

为了探究不同景观渐变带的位置和长度对缓和景观带与普通隧道段的效

果，本书设置了 12 组试验方案，运用驾驶模拟方法进行研究。研究结果显示：

（1）采用拱顶"蓝天白云"的景观渐变带设计方案，驾驶员中心区域与道路区域的注视次数百分比为 70% ~ 85%，占据了总注视次数的绝大部分，其原因为中心区域与道路区域是获取前方道路、交通等信息的重要来源，是保障驾驶安全的重要区域。其次为仪表盘区域，大多数方案在 15% 左右，拱顶区域的占比较小，约 5%，因此研究所采用的方案不存在过度吸引驾驶员注意力的风险。

（2）从景观渐变带的设置位置来看，景观渐变带设置在接近方向的效果优于设置在驶离方向，且驶离方向设置渐变带与不设渐变带无显著差异。渐变带设置在接近方向时，瞳孔极差变化率绝对值随着渐变带的长度增长而降低，即接近方向设置渐变带越长越有利于提升驾驶员通过景观带时的适应性。因此针对设置景观带的新建特长隧道，在景观带长度不变的基础上可以考虑在接近方向设置一定长度的渐变带，既能提高驾驶员的适应性，还能降低景观带在运营期带来的高能耗挑战，实现绿色节能的目标。针对已有洞内景观带改造，则建议在景观带前端增加一定长度的渐变带，以较小的成本提高驾驶员的适应性。

（3）隧道洞内景观带应具有唤醒作用，即通过设置洞内景观带缓解长时间隧道内行驶的疲劳感，若景观渐变带的长度过长则有可能削弱其缓解疲劳的作用。因此后期研究将从适应性及唤醒作用两个方面出发，进一步对景观渐变带的参数进行研究。此外，这项研究根据调研结果，将景观带设置于使用频率最高的拱顶区，但越来越多的隧道将景观带同时设置于侧墙及拱顶，渐变带对这种类型景观带的影响还有待研究。

7.4 公路隧道洞内景观设计建议与思考

众所周知，交通环境中的色彩对驾驶员心理和生理因素的影响是最明显的，浅色系装饰能够帮助驾驶员更快地识别道路环境。对于公路隧道而言，当侧墙为浅色时，路面和侧墙之间的边界比深色侧墙更明显，浅色系侧墙可以使驾驶员的注意力更好地集中于前方道路。这是因为驾驶员的周边视觉足以进行路面和侧墙边界的识别，而深色系侧墙可能会导致驾驶员更多地使用中心视觉来判断他们相对于隧道侧墙的位置。当隧道侧墙添加了适当的壁画元素，驾驶员的纵向行车稳定性和速度控制能力得到提高，驾驶体验更加舒适。隧道拱顶颜色同样是浅色优于深色，浅色拱顶装饰下，驾驶体验更为舒适。从色调上来看，蓝色和绿色是冷色调，属于后退色，给人一种侧墙往外扩张的感觉，使隧道显得更加开阔，有助于缓解压抑的心理，另外依据浦肯野效应，暗适应时蓝色在视觉上亮度较高，当隧道侧墙亮度较高时，驾驶员的眼动参数较为稳定，也更能给驾驶员带来安全感和舒适性。

隧道洞内设置图案能改变隧道单一幽暗的驾驶环境，缓解驾驶员的不适心理，从而规范驾驶行为，如在自然景观图案装饰环境下的驾驶行为表现最佳。当采用蓝天白云的洞内壁画装饰时，驾驶员在隧道内行车过程中的瞳孔变化和心率变化情况均较平缓，采用这类景观装饰洞内能够较好地缓解情绪紧张，进而提升驾驶舒适性。考虑到驾驶员在驶入景观带时可能会出现视觉震荡等不适现象，建议在接近景观带方向对景观图案和照明进行渐变设计，渐变长度应依据景观带的视觉适应性和情绪唤醒功能两个方面进行综合确定。

目前，对于公路隧道洞内景观的设计主要从审美的角度出发，其中结合了设计者的主观偏好以及地域文化、风土人情等，然而对于行车安全和舒适性的研究尚有不足，是否因过度的景观设计而给交通安全带来隐患成为大众关心的问题。关于公路隧道洞内景观设计，尤其针对特长、超长隧道中的景观带设计，其设计参数需要进行定量化的研究。从环境心理学、心理物理学等角度建立人、车、景观环境互馈机制，以人为本，应用循证设计的方法开展研究，基于可靠的研究成果制定隧道洞内景观环境决策的设计过程，将景观设计范式由过去传统的使用后评价转变为使用前评价。

APPENDIX

附 录

Tunnel Aesthetics
Landscape Evaluation and
Design of Highway Tunnels

隧道美学

公路隧道景观评价与设计

附录 A　公路隧道洞口景观评价
指标体系调查问卷

尊敬的专家，您好：

　　本书欲构建《公路隧道洞口景观评价指标体系》，希望能占用您一点宝贵时间，用您的专业积累为本书提供参考，在此对您的大力协助表示诚挚的感谢。

　　通过大量的文献搜集并从公路隧道洞口景观实际情况出发，以功能、环境、美学为子准则层，共选出 16 项初选评价指标，请您对初选指标的重要程度进行打分评价，评价标准为 1~5 分，5 分代表非常重要，1 分代表非常不重要，2 ~ 4 分介于两者之间。

您的基本信息

1. 工作单位

_____

2. 职称

_____

3. 现从事的工作或研究方向

_____

防护功能

4. 稳定边仰坡

☐ 5 分　　☐ 4 分　　☐ 3 分　　☐ 2 分　　☐ 1 分

5. 防止落石、雪崩等灾害

☐ 5 分　　☐ 4 分　　☐ 3 分　　☐ 2 分　　☐ 1 分

运营功能

6. 引排地表水

☐ 5分　　☐ 4分　　☐ 3分　　☐ 2分　　☐ 1分

7. 减小洞口亮度

☐ 5分　　☐ 4分　　☐ 3分　　☐ 2分　　☐ 1分

8. 降低眩晕感

☐ 5分　　☐ 4分　　☐ 3分　　☐ 2分　　☐ 1分

9. 指示诱导功能

☐ 5分　　☐ 4分　　☐ 3分　　☐ 2分　　☐ 1分

10. 标志作用

☐ 5分　　☐ 4分　　☐ 3分　　☐ 2分　　☐ 1分

自然环境

11. 对地形、地貌的影响

☐ 5分　　☐ 4分　　☐ 3分　　☐ 2分　　☐ 1分

12. 对天然植被的影响

☐ 5分　　☐ 4分　　☐ 3分　　☐ 2分　　☐ 1分

13. 对水体的影响

☐ 5分　　☐ 4分　　☐ 3分　　☐ 2分　　☐ 1分

14. 对野生保护动物的影响

☐ 5分　　☐ 4分　　☐ 3分　　☐ 2分　　☐ 1分

人文环境

15. 展示地域文化

☐ 5分　　☐ 4分　　☐ 3分　　☐ 2分　　☐ 1分

16. 与周边环境的协调性

☐ 5分　　☐ 4分　　☐ 3分　　☐ 2分　　☐ 1分

社会环境

17. 对居民住宅的影响

□ 5分　　□ 4分　　□ 3分　　□ 2分　　□ 1分

18. 对农业生产的影响

□ 5分　　□ 4分　　□ 3分　　□ 2分　　□ 1分

19. 对生活设施的影响

□ 5分　　□ 4分　　□ 3分　　□ 2分　　□ 1分

美学

20. 美景度

□ 5分　　□ 4分　　□ 3分　　□ 2分　　□ 1分

21. 如果您对上述指标有任何建议或补充说明，请在下面填写：

再次感谢您参与本次问卷调查！

附录 B　公路隧道洞口景观评价指标权重确定调查问卷

尊敬的专家，您好：

感谢您在上次调查问卷中给予的宝贵意见，经过上次调查问卷结果分析整理，共选取 13 项评价指标，现邀请您对指标权重的确定继续提供宝贵的意见与建议，在此对您的大力协助表示诚挚的感谢！

本次研究采用两两比较的方法，衡量尺度采用 9 个评价等级，评价尺度含义如表 B-1 所示。

表 B-1　评价尺度含义表

标度	含义
1	两个要素相比，具有同样的重要性
3	两个要素相比，前者比后者稍重要
5	两个要素相比，前者比后者明显重要
7	两个要素相比，前者比后者强烈重要
9	两个要素相比，前者比后者极端重要
2、4、6、8	上述相邻判断的中间值

请您根据两指标相对重要程度选择对应的标度，例如表 B-2。

表 B-2　判断矩阵示例

	极端重要		强烈重要		明显重要		稍重要		同等重要	稍不重要		明显不重要		强烈不重要		极端不重要	
	9:1	8:1	7:1	6:1	5:1	4:1	3:1	2:1	1:1	1:2	1:3	1:4	1:5	1:6	1:7	1:8	1:9
A:B																	
A:C																	

您的基本信息：

1. 工作单位

———————————————————————————

2. 职称

———————————————————————————

3. 现从事的工作或研究方向

———————————————————————————

准则层：

4. 功能：环境

□ 9:1 □ 8:1 □ 7:1 □ 6:1 □ 5:1 □ 4:1 □ 3:1 □ 2:1 □ 1:1
□ 1:2 □ 1:3 □ 1:4 □ 1:5 □ 1:6 □ 1:7 □ 1:8 □ 1:9

5. 功能：美学

□ 9:1 □ 8:1 □ 7:1 □ 6:1 □ 5:1 □ 4:1 □ 3:1 □ 2:1 □ 1:1
□ 1:2 □ 1:3 □ 1:4 □ 1:5 □ 1:6 □ 1:7 □ 1:8 □ 1:9

6. 环境：美学

□ 9:1 □ 8:1 □ 7:1 □ 6:1 □ 5:1 □ 4:1 □ 3:1 □ 2:1 □ 1:1
□ 1:2 □ 1:3 □ 1:4 □ 1:5 □ 1:6 □ 1:7 □ 1:8 □ 1:9

子准则层：

7. 防护功能：运营功能

□ 9:1 □ 8:1 □ 7:1 □ 6:1 □ 5:1 □ 4:1 □ 3:1 □ 2:1 □ 1:1
□ 1:2 □ 1:3 □ 1:4 □ 1:5 □ 1:6 □ 1:7 □ 1:8 □ 1:9

8. 自然环境：人文环境

□ 9:1 □ 8:1 □ 7:1 □ 6:1 □ 5:1 □ 4:1 □ 3:1 □ 2:1 □ 1:1
□ 1:2 □ 1:3 □ 1:4 □ 1:5 □ 1:6 □ 1:7 □ 1:8 □ 1:9

指标层：

9. 稳定边仰坡：防止落石、雪崩等灾害

□ 9:1 □ 8:1 □ 7:1 □ 6:1 □ 5:1 □ 4:1 □ 3:1 □ 2:1 □ 1:1
□ 1:2 □ 1:3 □ 1:4 □ 1:5 □ 1:6 □ 1:7 □ 1:8 □ 1:9

10. 引排地表水：减小洞口亮度

□ 9:1 □ 8:1 □ 7:1 □ 6:1 □ 5:1 □ 4:1 □ 3:1 □ 2:1 □ 1:1
□ 1:2 □ 1:3 □ 1:4 □ 1:5 □ 1:6 □ 1:7 □ 1:8 □ 1:9

11. 引排地表水：降低眩晕感

□ 9:1 □ 8:1 □ 7:1 □ 6:1 □ 5:1 □ 4:1 □ 3:1 □ 2:1 □ 1:1
□ 1:2 □ 1:3 □ 1:4 □ 1:5 □ 1:6 □ 1:7 □ 1:8 □ 1:9

12. 引排地表水：指示诱导功能

□ 9:1 □ 8:1 □ 7:1 □ 6:1 □ 5:1 □ 4:1 □ 3:1 □ 2:1 □ 1:1
□ 1:2 □ 1:3 □ 1:4 □ 1:5 □ 1:6 □ 1:7 □ 1:8 □ 1:9

13. 引排地表水：标志作用

□ 9:1 □ 8:1 □ 7:1 □ 6:1 □ 5:1 □ 4:1 □ 3:1 □ 2:1 □ 1:1
□ 1:2 □ 1:3 □ 1:4 □ 1:5 □ 1:6 □ 1:7 □ 1:8 □ 1:9

14. 减小洞口亮度：降低眩晕感

□ 9:1 □ 8:1 □ 7:1 □ 6:1 □ 5:1 □ 4:1 □ 3:1 □ 2:1 □ 1:1
□ 1:2 □ 1:3 □ 1:4 □ 1:5 □ 1:6 □ 1:7 □ 1:8 □ 1:9

15. 减小洞口亮度：指示诱导功能

☐ 9∶1 ☐ 8∶1 ☐ 7∶1 ☐ 6∶1 ☐ 5∶1 ☐ 4∶1 ☐ 3∶1 ☐ 2∶1 ☐ 1∶1
☐ 1∶2 ☐ 1∶3 ☐ 1∶4 ☐ 1∶5 ☐ 1∶6 ☐ 1∶7 ☐ 1∶8 ☐ 1∶9

16. 减小洞口亮度：标志作用

☐ 9∶1 ☐ 8∶1 ☐ 7∶1 ☐ 6∶1 ☐ 5∶1 ☐ 4∶1 ☐ 3∶1 ☐ 2∶1 ☐ 1∶1
☐ 1∶2 ☐ 1∶3 ☐ 1∶4 ☐ 1∶5 ☐ 1∶6 ☐ 1∶7 ☐ 1∶8 ☐ 1∶9

17. 降低眩晕感：指示诱导功能

☐ 9∶1 ☐ 8∶1 ☐ 7∶1 ☐ 6∶1 ☐ 5∶1 ☐ 4∶1 ☐ 3∶1 ☐ 2∶1 ☐ 1∶1
☐ 1∶2 ☐ 1∶3 ☐ 1∶4 ☐ 1∶5 ☐ 1∶6 ☐ 1∶7 ☐ 1∶8 ☐ 1∶9

18. 降低眩晕感：标志作用

☐ 9∶1 ☐ 8∶1 ☐ 7∶1 ☐ 6∶1 ☐ 5∶1 ☐ 4∶1 ☐ 3∶1 ☐ 2∶1 ☐ 1∶1
☐ 1∶2 ☐ 1∶3 ☐ 1∶4 ☐ 1∶5 ☐ 1∶6 ☐ 1∶7 ☐ 1∶8 ☐ 1∶9

19. 指示诱导功能：标志作用

☐ 9∶1 ☐ 8∶1 ☐ 7∶1 ☐ 6∶1 ☐ 5∶1 ☐ 4∶1 ☐ 3∶1 ☐ 2∶1 ☐ 1∶1
☐ 1∶2 ☐ 1∶3 ☐ 1∶4 ☐ 1∶5 ☐ 1∶6 ☐ 1∶7 ☐ 1∶8 ☐ 1∶9

20. 对地形、地貌的影响：对自然植被的影响

☐ 9∶1 ☐ 8∶1 ☐ 7∶1 ☐ 6∶1 ☐ 5∶1 ☐ 4∶1 ☐ 3∶1 ☐ 2∶1 ☐ 1∶1
☐ 1∶2 ☐ 1∶3 ☐ 1∶4 ☐ 1∶5 ☐ 1∶6 ☐ 1∶7 ☐ 1∶8 ☐ 1∶9

21. 对地形、地貌的影响：对水体的影响

☐ 9∶1 ☐ 8∶1 ☐ 7∶1 ☐ 6∶1 ☐ 5∶1 ☐ 4∶1 ☐ 3∶1 ☐ 2∶1 ☐ 1∶1
☐ 1∶2 ☐ 1∶3 ☐ 1∶4 ☐ 1∶5 ☐ 1∶6 ☐ 1∶7 ☐ 1∶8 ☐ 1∶9

22. 对地形、地貌的影响：对野生保护动物的影响

☐ 9∶1 ☐ 8∶1 ☐ 7∶1 ☐ 6∶1 ☐ 5∶1 ☐ 4∶1 ☐ 3∶1 ☐ 2∶1 ☐ 1∶1
☐ 1∶2 ☐ 1∶3 ☐ 1∶4 ☐ 1∶5 ☐ 1∶6 ☐ 1∶7 ☐ 1∶8 ☐ 1∶9

23. 对自然植被的影响：对水体的影响

☐ 9∶1 ☐ 8∶1 ☐ 7∶1 ☐ 6∶1 ☐ 5∶1 ☐ 4∶1 ☐ 3∶1 ☐ 2∶1 ☐ 1∶1
☐ 1∶2 ☐ 1∶3 ☐ 1∶4 ☐ 1∶5 ☐ 1∶6 ☐ 1∶7 ☐ 1∶8 ☐ 1∶9

24. 对自然植被的影响：对野生保护动物的影响

☐ 9：1 ☐ 8：1 ☐ 7：1 ☐ 6：1 ☐ 5：1 ☐ 4：1 ☐ 3：1 ☐ 2：1 ☐ 1：1
☐ 1：2 ☐ 1：3 ☐ 1：4 ☐ 1：5 ☐ 1：6 ☐ 1：7 ☐ 1：8 ☐ 1：9

25. 对水体的影响：对野生保护动物的影响

☐ 9：1 ☐ 8：1 ☐ 7：1 ☐ 6：1 ☐ 5：1 ☐ 4：1 ☐ 3：1 ☐ 2：1 ☐ 1：1
☐ 1：2 ☐ 1：3 ☐ 1：4 ☐ 1：5 ☐ 1：6 ☐ 1：7 ☐ 1：8 ☐ 1：9

26. 展示地域文化：与周边环境的协调性

☐ 9：1 ☐ 8：1 ☐ 7：1 ☐ 6：1 ☐ 5：1 ☐ 4：1 ☐ 3：1 ☐ 2：1 ☐ 1：1
☐ 1：2 ☐ 1：3 ☐ 1：4 ☐ 1：5 ☐ 1：6 ☐ 1：7 ☐ 1：8 ☐ 1：9

再次感谢您参与本次问卷调查！

附录 C　公路隧道景观环境仿真驾驶模拟系统

试验采用自主研发的驾驶模拟平台（图 C-1），通过编写代码将已有的软硬件设备进行组合，构建逼真的隧道驾驶模拟场景。该驾驶模拟平台具有出色的材质、光影、音效模拟效果，能够根据实际参数模拟隧道内的亮度曲线，可以随机生成汽车流，模拟不同时间、不同天气情况下的场景，高度再现隧道驾驶场景，并且较为真实地还原驾驶员的心理状态。同时驾驶模拟设备具有力反馈功能，配合出色的物理引擎可模拟碰撞、剐蹭等体验，使驾驶员具有较好的驾驶沉浸感，从而真实还原驾驶员的生理和心理变化。

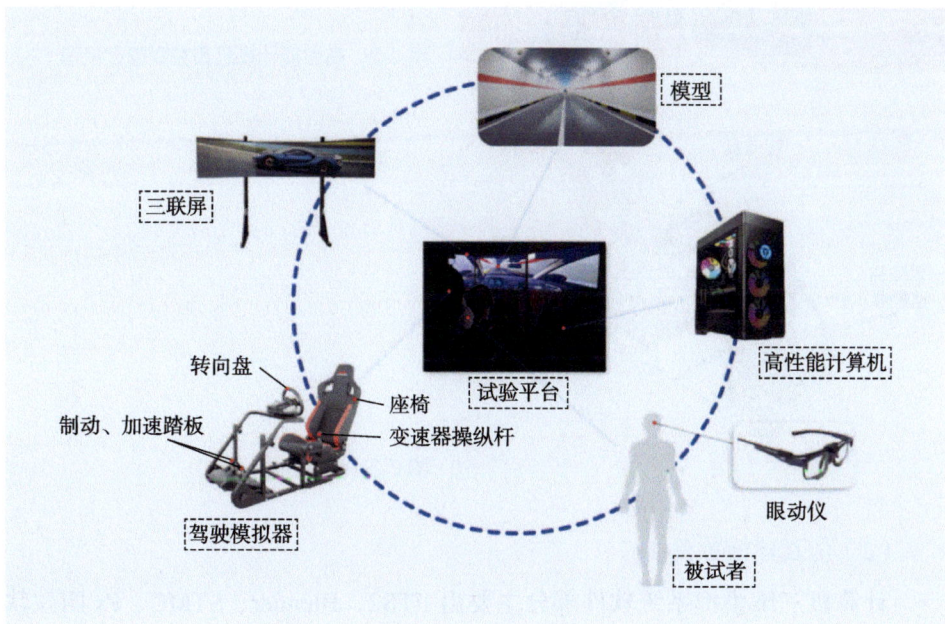

图 C-1　驾驶模拟平台

（1）交互设备。

驾乘人员与虚拟洞口景观环境的交互设备主要包含计算机及驾驶模拟设备两部分。计算机包括应用软件和三联屏显示器，主要用于模拟驾驶行为以及将虚拟的景观环境呈现在驾乘人员面前，如图 C-2 所示；驾驶模拟设备主要由驾驶座椅、转向盘、制动加速踏板、变速器操纵杆组成，可以实现真实驾驶的一系列操作，主要用于与仿真环境之间的交互，通过操纵设备在仿真环境中完成驾驶过程，如图 C-3 所示。

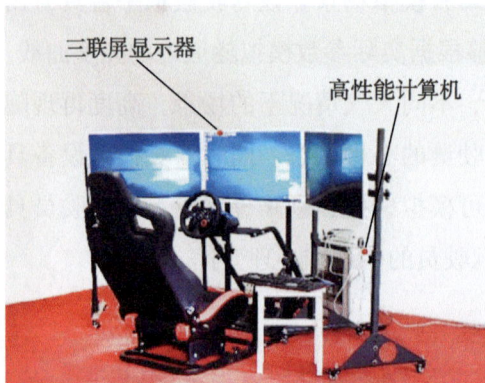

图 C-2　高性能计算机和三联屏显示器

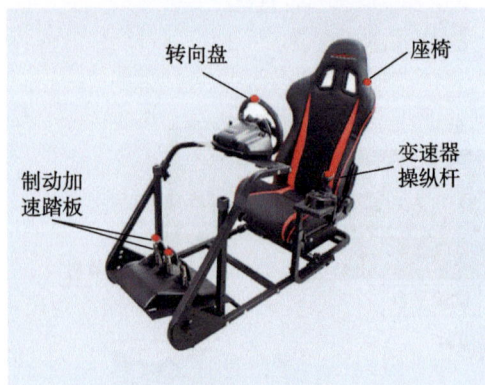

图 C-3　驾驶模拟设备

（2）仿真建模软件。

计算机三维模拟系统软件部分主要由 ETS2、Blender、STMC、Ps 四款软件组成，各软件的功能分配和开发流程如图 C-4 所示。

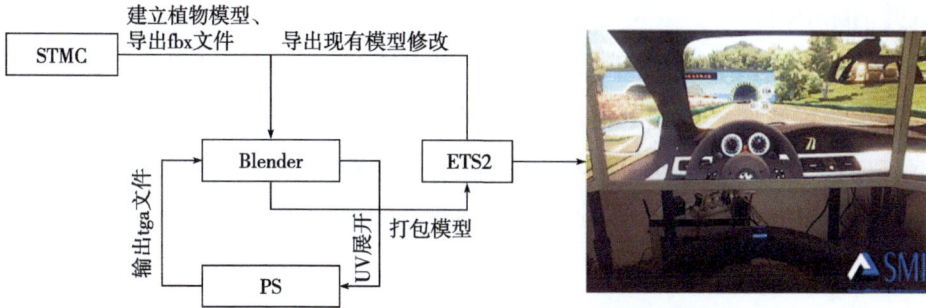

图 C-4 驾驶模拟试验中各软件主要功能及开发流程

（3）眼动仪。

采用德国制造的 ETG 眼动仪，如图 C-5 所示。该眼动仪为便携式、眼镜式眼动仪，造型小巧便于携带、佩戴舒适，被测试者可以随身携带并自由活动，对使用环境没有任何限制；场景呈现高清品质，及时呈现测试情况，可实现对动态视频的数据分析，数据采集可靠，可以自动补偿偏差。其追踪范围能达到人眼转动的极限，以实现全视场角追踪，精度为 0.5°，数据采集率为 120Hz，延迟低于 5ms，质量不超过 50g。

图 C-5 眼动仪

（4）心率带。

试验中心率测量采用博能（Polar）心率带，Polar 心率带为芬兰产品，该心率带的工作原理与医用心电图相同：心率值是对试验人员心脏跳动的一种表现形式，也就是心脏跳动产生的微电压信号（ECG）放大值。同时心率带上的电极具有更好的抗干扰性，对心电信号极其敏感，从而获得精准的心率读数并消除干扰。

Polar 心率带利用蓝牙与移动设备进行连接，在测试过程中，试验对象的心率数据实时传输到 Polar Beat，对测试者不造成干扰。随后心率详细数据可通过 Polar Flow 网页端导出 CSV 格式的原始数据文件，以便进一步在 Excel 或其他软件中进行分析，为科学研究心率提供数据依据，心率带如图 C-6 所示。

图 C-6　POLAR 心率带

附录 D　公路隧道洞口景观评价调查问卷及统计结果

尊敬的专家，您好：

感谢您在前期调查问卷过程中给予的大力支持与宝贵意见，本书经过分析研究构建了公路隧道洞口景观评价体系，现以隧道洞口景观为工程实例，通过改变洞门线形、洞门颜色、洞口中央分隔带绿化及洞门肌理处理等因素，共设计了 9 个隧道洞口景观方案，现邀请您对隧道 9 个隧道洞口景观方案进行评价。

隧道坐落在云南省富宁县，隧道全长 1977.5m，隧道穿越地段属于中国地势的第二阶梯，植株整体呈丛生状，外貌不整齐，岩石出露，次生特征明显。隧道进口洞门为端墙式洞门，端墙长 59.85m、高 13.25m，洞门进口宽 11m、高 8.55m，排水系统较为完善（图 D-1），隧道穿越地区未见水源、未见野生保护动物。

您的基本信息

1. 工作单位

_____

2. 职称

_____

3. 现从事的工作或研究方向

_____

请您依据 {优秀、良好、中等、较差、差} 的评分标准依次对以下 9 个模型的 13 项指标进行评价（图 D-2 ~ 图 D-10），并填入对应表格中。

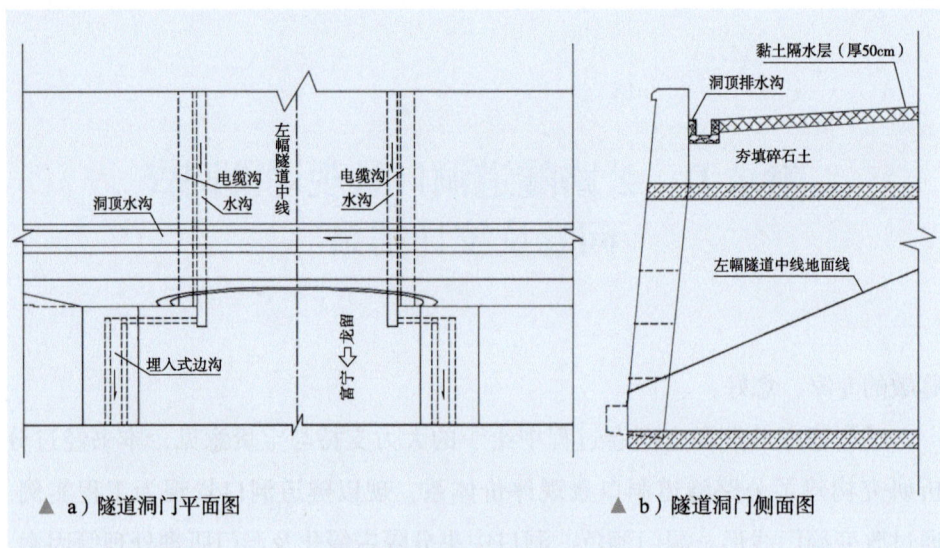

▲ a）隧道洞门平面图　　　　　　　　▲ b）隧道洞门侧面图

图 D-1　隧道洞门防排水设计图

图 D-2　模型一效果图

图 D-3　模型二效果图

图 D-4　模型三效果图

图 D-5　模型四效果图

图 D-6　模型五效果图

图 D-7　模型六效果图

图 D-8　模型七效果图

图 D-9　模型八效果图

图 D-10　模型九效果图

1. 稳定边仰坡

模型一	模型二	模型三	模型四	模型五	模型六	模型七	模型八	模型九

2. 防止落石、雪崩等灾害

模型一	模型二	模型三	模型四	模型五	模型六	模型七	模型八	模型九

3. 引排地表水

模型一	模型二	模型三	模型四	模型五	模型六	模型七	模型八	模型九

4. 减小洞口亮度

模型一	模型二	模型三	模型四	模型五	模型六	模型七	模型八	模型九

5. 降低眩晕感

模型一	模型二	模型三	模型四	模型五	模型六	模型七	模型八	模型九

6. 指示诱导功能

模型一	模型二	模型三	模型四	模型五	模型六	模型七	模型八	模型九

7. 标志作用

模型一	模型二	模型三	模型四	模型五	模型六	模型七	模型八	模型九

8. 对地形、地貌的影响

模型一	模型二	模型三	模型四	模型五	模型六	模型七	模型八	模型九

9. 对天然植被的影响

模型一	模型二	模型三	模型四	模型五	模型六	模型七	模型八	模型九

10. 对水体的影响

模型一	模型二	模型三	模型四	模型五	模型六	模型七	模型八	模型九

11. 对野生保护动物的影响

模型一	模型二	模型三	模型四	模型五	模型六	模型七	模型八	模型九

12. 展示地域文化

模型一	模型二	模型三	模型四	模型五	模型六	模型七	模型八	模型九

13. 与周边环境的协调性

模型一	模型二	模型三	模型四	模型五	模型六	模型七	模型八	模型九

调查问卷统计结果见表 D-1 ~ 表 D-9。

表 D-1 方案一隧道洞口景观功能、环境指标层评分统计结果

评价指标	评价结果人数				
	优秀	良好	中等	较差	差
稳定边仰坡	10	1	1	0	0
防止落石、雪崩等灾害	5	6	1	0	0
引排地表水	12	0	0	0	0
减小洞口亮度	8	2	2	0	0
降低眩晕感	9	3	0	0	0
指示诱导功能	1	10	0	1	0
标志作用	7	5	0	0	0
对地形、地貌的影响	7	3	2	0	0
对自然植被的影响	8	2	2	0	0
对水体的影响	12	0	0	0	0
对野生保护动物的影响	12	0	0	0	0
展示地域文化	10	2	0	0	0
与周边环境的协调性	1	6	4	1	0

表 D-2　方案二隧道洞口景观功能、环境指标层评分统计结果

评价指标	评价结果人数				
	优秀	良好	中等	较差	差
稳定边仰坡	9	3	0	0	0
防止落石、雪崩等灾害	4	7	1	0	0
引排地表水	12	0	0	0	0
减小洞口亮度	1	3	7	1	0
降低眩晕感	7	4	1	0	0
指示诱导功能	0	1	3	5	3
标志作用	1	4	7	0	0
对地形、地貌的影响	5	5	2	0	0
对自然植被的影响	7	3	2	0	0
对水体的影响	12	0	0	0	0
对野生保护动物的影响	12	0	0	0	0
展示地域文化	0	0	1	5	6
与周边环境的协调性	5	4	3	0	0

表 D-3　方案三隧道洞口景观功能、环境指标层评分统计结果

评价指标	评价结果人数				
	优秀	良好	中等	较差	差
稳定边仰坡	7	4	1	0	0
防止落石、雪崩等灾害	5	5	2	0	0
引排地表水	12	0	0	0	0
减小洞口亮度	0	0	1	5	6
降低眩晕感	0	0	0	2	10
指示诱导功能	0	0	1	3	8
标志作用	0	0	0	6	6
对地形、地貌的影响	6	4	1	1	0
对自然植被的影响	5	4	3	0	0

续上表

评价指标	评价结果人数				
	优秀	良好	中等	较差	差
对水体的影响	12	0	0	0	0
对野生保护动物的影响	12	0	0	0	0
展示地域文化	0	0	0	1	11
与周边环境的协调性	0	0	0	2	10

表 D-4 　方案四隧道洞口景观功能、环境指标层评分统计结果

评价指标	评价结果人数				
	优秀	良好	中等	较差	差
稳定边仰坡	8	4	0	0	0
防止落石、雪崩等灾害	3	7	2	0	0
引排地表水	12	0	0	0	0
减小洞口亮度	0	0	2	2	8
降低眩晕感	0	6	6	0	0
指示诱导功能	2	6	4	0	0
标志作用	0	0	5	3	4
对地形、地貌的影响	6	3	3	0	0
对自然植被的影响	7	2	3	0	0
对水体的影响	12	0	0	0	0
对野生保护动物的影响	12	0	0	0	0
展示地域文化	0	0	0	1	11
与周边环境的协调性	0	0	1	2	9

表 D-5 　方案五隧道洞口景观功能、环境指标层评分统计结果

评价指标	评价结果人数				
	优秀	良好	中等	较差	差
稳定边仰坡	7	3	2	0	0
防止落石、雪崩等灾害	2	9	1	0	0

续上表

评价指标	评价结果人数				
	优秀	良好	中等	较差	差
引排地表水	12	0	0	0	0
减小洞口亮度	1	6	4	1	0
降低眩晕感	0	0	0	5	7
指示诱导功能	1	3	8	0	0
标志作用	6	4	2	0	0
对地形、地貌的影响	5	4	3	0	0
对自然植被的影响	7	3	2	0	0
对水体的影响	12	0	0	0	0
对野生保护动物的影响	12	0	0	0	0
展示地域文化	6	6	0	0	0
与周边环境的协调性	5	4	3	0	0

表 D-6　方案六隧道洞口景观功能、环境指标层评分统计结果

评价指标	评价结果人数				
	优秀	良好	中等	较差	差
稳定边仰坡	7	4	1	0	0
防止落石、雪崩等灾害	2	9	1	0	0
引排地表水	12	0	0	0	0
减小洞口亮度	9	3	0	0	0
降低眩晕感	10	1	1	0	0
指示诱导功能	3	6	3	0	0
标志作用	0	2	5	5	0
对地形、地貌的影响	5	4	3	0	0
对自然植被的影响	8	2	2	0	0
对水体的影响	12	0	0	0	0
对野生保护动物的影响	12	0	0	0	0
展示地域文化	0	0	1	4	7
与周边环境的协调性	2	4	1	5	0

表 D-7　方案七隧道洞口景观功能、环境指标层评分统计结果

评价指标	评价结果人数				
	优秀	良好	中等	较差	差
稳定边仰坡	0	5	5	2	0
防止落石、雪崩等灾害	0	2	6	3	1
引排地表水	12	0	0	0	0
减小洞口亮度	0	5	2	1	4
降低眩晕感	0	0	0	2	10
指示诱导功能	2	2	8	0	0
标志作用	1	2	2	6	1
对地形、地貌的影响	5	2	4	1	0
对自然植被的影响	6	3	2	1	0
对水体的影响	12	0	0	0	0
对野生保护动物的影响	12	0	0	0	0
展示地域文化	0	0	3	1	8
与周边环境的协调性	0	1	1	6	4

表 D-8　方案八隧道洞口景观功能、环境指标层评分统计结果

评价指标	评价结果人数				
	优秀	良好	中等	较差	差
稳定边仰坡	0	7	4	1	0
防止落石、雪崩等灾害	0	3	8	1	0
引排地表水	12	0	0	0	0
减小洞口亮度	0	0	0	8	4
降低眩晕感	6	4	2	0	0
指示诱导功能	0	7	4	1	0
标志作用	0	2	5	5	0
对地形、地貌的影响	6	5	1	0	0
对自然植被的影响	8	3	1	0	0
对水体的影响	12	0	0	0	0
对野生保护动物的影响	12	0	0	0	0
展示地域文化	0	0	0	7	5
与周边环境的协调性	6	3	3	0	0

表 D-9　方案九隧道洞口景观功能、环境指标层评分统计结果

评价指标	评价结果人数				
	优秀	良好	中等	较差	差
稳定边仰坡	0	4	6	2	0
防止落石、雪崩等灾害	0	7	4	1	0
引排地表水	12	0	0	0	0
减小洞口亮度	10	1	1	0	0
降低眩晕感	2	5	5	0	0
指示诱导功能	0	5	4	3	0
标志作用	1	5	2	4	0
对地形、地貌的影响	3	6	3	0	0
对自然植被的影响	5	5	2	0	0
对水体的影响	12	0	0	0	0
对野生保护动物的影响	12	0	0	0	0
展示地域文化	7	5	0	0	0
与周边环境的协调性	4	5	3	0	0

附录 E　我国公路隧道洞口景观典型案例统计

各类洞门构景元素见表 E-1~ 表 E-3。

表 E-1　墙式洞门构景元素

隧道名称	端墙形式	洞门装饰及肌理	边仰坡	洞口前区	洞口铭牌	诱导系统
雁门关隧道［图 1-3a）］	柱式	灰白色贴面，城墙造型	仰坡采用艺术装饰	灌木列植与草本植物种植	洞间红色字体	洞口立面标记为白色
板仑隧道［图 1-3b）］	直线	蓝色壁画复合水泥浮雕	—	灌木列植与草本植物种植	位于洞口上方采用人造砂岩设置红色字体	洞门上方标语牌，红色条形彩色路面，洞口立面标记采用黄黑反光膜
二郎山隧道［图 1-7a）］	城堡式	灰色贴面，端墙顶部体现藏族建筑文化	乔木	灌木与草本植物种植	洞间黄色字体	红色块状彩色路面、洞口立面标记采用黄黑反光膜、洞前雕塑
秦岭终南山隧道［图 1-9d）］	直线	仿石纹贴面	高大乔木，颜色上浅下深	乔木与灌木呈密集分布	洞间红色字体	洞口立面标记采用黄黑反光膜
巴独隧道［图 5-5a）］	台阶	青山壁画	乔木、灌木	—	洞口上方绿色字体	黄色路面，洞口立面标记采用黄黑反光膜，护栏上设有反光片
东山隧道［图 5-5b）］	直线	灰色壁画，城墙造型	—	—	洞口上方红底黄色字体	洞口立面标记为白色

续上表

隧道名称	端墙形式	洞门装饰及肌理	边仰坡	洞口前区	洞口铭牌	诱导系统
巴勒根达板隧道〔图 5-6a)〕	直线	灰白色贴面	草本植物	草本种植	洞口上方金色字体	洞口立面标记为白色,防护栏颜色为红白相接
石地坪一号隧道〔图 5-6b)〕	台阶＋翼墙式	浅灰色贴面,端墙顶部红色装饰	草本植物	草本种植	洞口上方黑底黄色字体	洞口立面标记为白色
秦岭二号隧道（图 5-7）	曲线	浅灰色贴面	乔木、灌木	灌列植、草、花	洞间红色分离大字	洞口立面标记为白色
南腊隧道〔图 5-8a)〕	直线	浅黄色壁画,端墙顶部体现傣族建筑文化	乔木	灌、草、花结合,乔木点缀	洞间红色字体	红色条形彩色路面,洞口立面标记拱部为蓝白相间图案,两侧边墙为黄黑反光膜

注:"—"表示未发现。

表 E-2　突出式洞门构景元素

隧道名称	立体形状	边仰坡绿化	洞口前区绿化	洞口铭牌	引导系统
龙岗隧道〔图 1-5a)〕	削竹式	草本为主,乔木、灌木点缀	乔木、草本植物	洞口前方置石、交通指示牌	洞口立面标记采用黄黑反光膜,设置信号灯
野象谷隧道〔图 1-8a)〕	环框式	乔木、灌木	乔木、草本植物	铭牌与雕塑结合	洞口环框灰色贴面,傣族公主帽形状洞门造型
那圩隧道〔图 1-9a)〕	削竹式	藤本、灌木	灌木、草本组合,乔木点缀	洞前铭石	洞口立面标记采用黄黑反光膜
包家山隧道〔图 1-9b)〕	削竹式	乔木、灌木	灌木、草本植物、花卉	仰坡红色分离大字、洞口前方置石	洞口立面标记为白色

续上表

隧道名称	立体形状	边仰坡绿化	洞口前区绿化	洞口铭牌	引导系统
青岛胶州湾隧道[图1-9c)]	削竹式	乔木、灌木	灌木、草本植物、花卉	仰坡红色分离大字	洞口立面标记为条纹肌理
新疆赛里木湖隧道[图5-3a)]	削竹式	草本恢复	—	洞间白色字体	红色长形彩色路面、洞口立面标记为黄色
乌鞘岭四号隧道[图5-3b)]	喇叭口式	保持原有生态	草本植物	洞间白底绿色字体	设置信号灯
蝴蝶兰隧道[图5-8b)]	环框式	乔木、灌木	灌木列植	洞口前方置石	洞口立面标记为白色

表 E-3　特殊式洞门构景元素

隧道名称	洞门形式	边仰坡绿化	洞口前区绿化	洞口铭牌	引导系统
老虎山隧道[图1-4b)]	棚洞式	乔木、灌木	灌木、花卉	洞前置石，洞口上方红色字体	—
厦门翔安隧道[图1-7c)]	曲线遮光棚	坡脚为灌木，坡面采用高大乔木	灌木和草本搭配，乔木点缀	洞前设置雕塑，洞门上方红色字体	洞口立面标记为白色
南京老山隧道[图5-4a)]	棚洞式	乔木、灌木	灌木、草本植物	—	—
上海长江隧道[图5-4b)]	曲线遮光棚	灌木、草本植物	灌木列植	洞口上方红色字体	路面标识

附录 F 我国特长公路隧道景观带情况统计

表 F-1 我国特长公路隧道景观带情况统计

序号	隧道名称	省（区、市）	隧道长度（km）	设计速度（km/h）	数量（处）	长度（m）	景观类型	建成时间（年-月）
1	秦岭终南山公路隧道	陕西	18.02	80	3	150	蓝天白云、朝霞、晚霞等自然景观	2007-01
2	秦岭天台山隧道	陕西	15.56		2	200	彩色灯光带	2021-09
3	米仓山隧道	四川、陕西	13.80	80	20	—	蓝天白云（18处）、彩色灯光带（2处）	2018-08
4	新二郎山隧道	四川	13.46	80	3	120	蓝天白云、五星红旗、枫叶	2017-09
5	西山特长隧道	山西	13.66	80	1	200	彩色灯光带	2012-10
6	麦积山隧道	甘肃	12.29	80	2	约100	彩色灯光带	2009-06
7	大坪里隧道	甘肃	12.29	80	2	100	蓝天白云	2009-01
8	城开隧道	重庆	11.46	80	4	100	四季风景	2022-03
9	云山隧道	山西	11.37	80	1	200	彩色灯光带	2014-11
10	包家山隧道	陕西	11.20	80	1	约200	蓝天白云、海底世界	2009-01
11	宝塔山隧道	山西	10.48	80	2	200	彩色灯光带	2011-12
12	关山隧道	甘肃	9.65	80	—	约50	彩色灯光带	2021-09
13	老营隧道	云南	11.52	80	2	400	山水风光、蓝天白云	2020-12

续上表

序号	隧道名称	省（区、市）	隧道长度（km）	设计速度（km/h）	数量（处）	长度（m）	景观类型	建成时间（年-月）
14	中条山隧道	山西	9.61	80	1	—	彩色灯光带	2014-07
15	六盘山隧道	宁夏	9.49	80	1	200	海底世界、蓝天白云	2016-07
16	杨林隧道	云南	9.46	80	1	150	山水画卷	2020-10
17	宝鼎2号隧道	四川	8.8	80	2	120	蓝天白云、石景、仿真植物及彩色灯光带	2019-12
18	五女峰隧道	吉林	7.93	60	1	120	蓝天白云、彩色灯光带	2018-11
19	松山隧道	广东	7.97	100	1	—	山水、海景	2021-07
20	马峦山隧道	广东	7.90	80	2	100、200	天然岩洞景观、海上世界、坪山风景	2019-09
21	旗杆山隧道	重庆	7.63	80	1	300	山水、四季风景、人文自然景观	2021-09
22	金华山隧道	浙江	7.39	100	—	—	蓝天白云	2020-12
23	华岩隧道	重庆	7.10	60	4	100	蓝天白云	2017-12
24	雪峰山隧道	湖南	7.04	80	1	—	蓝天白云	2007-11
25	葡萄山隧道	重庆	6.30	80	1	20	彩色灯光带	2009-06
26	西羊坊隧道	北京	4.68	80	1	260	山水	2019-12
27	东天山特长隧道	新疆	11.70		3		蓝天白云，彩色灯光带	2021-09
28	独墅湖隧道	江苏	3.46	80	2	—	彩色灯光带	2007-10
29	太湖隧道	江苏	10.79	100	3	—	特殊灯光带	2021-12
30	松山特长隧道	河北	9.17	80	—	—	蓝天白云	2020-01
31	草帽山隧道	河北	7.34	80	1	100	蓝天白云	2018-11

附录 G　隧道照明设计参数

表 G-1　隧道照明设计参数

项目	规定亮度（cd/m²）	照度（lx）	长度（m）	灯具功率（W）	光通量（lm）	布置形式	灯具计算间距（m）	灯具设计间距（m）	路面亮度（cd/m²）	灯具数量
入口段 TH1	90.9	1363.5	41.5	400	48000	两侧	2.0	2	1382	42
入口段 TH2	45.4	681	41.5	400	48000	两侧	4.0	4	691	22
过渡段 TR1	13.6	204	72.1	150	16000	两侧	4.5	4	230	36
过渡段 TR2	4.5	67.5	88.9	70	6000	两侧	5.1	5	69	36
中间段 Tin1	2	30	666.7	70	6000	两侧	11.5	10	34	132
中间段 Tin2	1.6	24	5362.6	70	6000	两侧	14.4	10	34	1074
中间段 Tin3	2	30	666.7	70	6000	两侧	11.5	10	34	134
出口段 EX1	6	90	30	100	16000	两侧	10.2	8	115	8
出口段 EX2	10	150	30	100	16000	两侧	6.1	6	154	10

参考文献

REFERENCES

[1] GLICKSMAN R L, MARKELL D L, BUZBEE W W, et al. Environmental protection: law and policy[M]. Aspen Publishers, 2019.

[2] AGER A A, HOUTMAN R M, DAY M A, et al. Tradeoffs between US national forest harvest targets and fuel management to reduce wildfire transmission to the wildland urban interface[J]. Forest Ecology and Management, 2019, 434: 99-109.

[3] LYTVYNENKO T, TKACHENKO I, GASENKO L. Principles of the road beautification elements placing[J]. Periodica Polytechnica Transportation Engineering, 2017, 45(2): 94-100.

[4] PETROVA E G, MIRONOV Y V, AOKI Y, et al. Comparing the visual perception and aesthetic evaluation of natural landscapes in Russia and Japan: cultural and environmental factors[J]. Progress in Earth and Planetary Science, 2015, 2(1):6.

[5] JULIE V, SAM C, JULIAN C M, et al. Using virtual reality to estimate aesthetic values of coral reefs[J]. Royal Society Open Science, 2018, 5(4):172-226.

[6] ROZENTALE I, PAEGLITIS A. Criteria for assessment of bridge aesthetic and visual quality[C]//IOP Conference Series Materials Science and Engineering, 2017.

[7]　KIM T K, KIM N C, KIM E B,et al. Suggestion of the post-environmental evaluation of road-side cut slope after revegetation works[J]. Journal of the Korea Society of Environmental Restoration Technology, 2018, 21(4): 75-86.

[8]　CLAY G R, SMIDT R K. Assessing the validity and reliability of descriptor variables used in scenic highway analysis[J]. Landscape & Urban Planning, 2004, 66(4):239-255.

[9]　AKBAR K F, HALE W H G, HEADLEY A D. Assessment of scenic beauty of the roadside vegetation in northern England[J]. Landscape & Urban Planning, 2003, 63(3):139-144.

[10]　LEE D H, KO Y J. Design development and evaluation of visual environment improvement facility for long road tunnel-focused on the case of Inje Tunnel[J]. Archives of Design Research, 2010, 23(3): 207-216.

[11]　JEKAL Y S. Correlative study on performance characteristics of facade design at the entrance of road tunnel[J].Journal of Korea Institute of Spatial Design, 2018, 13(3):19-28.

[12]　LÓPEZ J C, GRINDLAY A L, PEÑA-GARCÍA A. A proposal for evaluation of energy consumption and sustainability of road tunnels: the sustainability vector[J]. Tunnelling and Underground Space Technology, 2017, 65: 53-61.

[13]　LÓPEZ J C, GRINDLAY A L, CARPIO M, et al. Strategies for the optimization of binomial energy saving landscape integration in road tunnels[J]. WIT Transactions on Ecology and the Environment, 2014, 190: 511-520.

[14]　JELLEMA A, STOBBELAAR D J, GROOT J C, et al. Landscape character assessment using region growing techniques in geographical information systems[J]. Journal of Environmental Management, 2009, 90(S2):161.

[15]　GHADIRIAN P, BISHOP I D. Integration of augmented reality and GIS: a new approach to realistic landscape visualisation[J]. Landscape & Urban

Planning, 2008, 86(3-4):226-232.

[16] GIMBLETT R, DANIEL T, CHERRY S, et al. The simulation and visualization of complex human-environment interactions[J]. Landscape & Urban Planning, 2001, 54(1-4):63-79.

[17] AYAD Y M. Remote sensing and GIS in modeling visual landscape change: a case study of the northwestern arid coast of Egypt[J]. Landscape & Urban Planning, 2005, 73(4):307-325.

[18] MARTÃ N B, Ortega E, Otero I, et al. Landscape character assessment with GIS using map-based indicators and photographs in the relationship between landscape and roads[J]. Journal of Environmental Management, 2016, 180:324-334.

[19] MARTÍNEZ F L, MORALES A P, GUIRADO S G. In landscape management all of us have something to say: a holistic method for landscape preservability evaluation in a mediterranean region[J]. Land Use Policy, 2016, 51: 172-183.

[20] 王美婷, 孙冰, 陈雷, 等. 广州市典型性城市公园植物景观美景度研究 [J]. 浙江农林大学学报, 2017, 34（3）: 501-510.

[21] 赵丹, 崔毓萱, 刘筱玮, 等. 寒区校园植物景观评价——以东北林业大学校园为例 [J]. 东北林业大学学报, 2018, 46（9）: 80-88.

[22] 崔志华, 杨昕雨. 基于 GIS 的南京市中山陵景区核心区域声景观评价 [J]. 南京林业大学学报（自然科学版）, 2019, 43（2）: 121-127.

[23] 刘佳驹, 王宇泓, 赵龙. 基于景观评价的河道景观规划方法研究——以昆明市盘龙江为例 [J]. 北京大学学报（自然科学版）, 2019, 55（1）: 189-196.

[24] 杨婷, 王秀荣. 基于内容研究法的公园植物景观评价体系研究 [J]. 北方园艺, 2019（4）: 197.

[25] 颜玉娟. 湖南阳明山森林公园植物景观评价研究 [D]. 长沙: 中南林业科技大学, 2012.

[26] 王帅 . 基于 SD 法的云台山国家森林公园景观评价研究 [D]. 长沙：中南林业科技大学，2015.

[27] 林保英 . 基于公众美学认知的城市绿地植物景观评价研究 [D]. 徐州：中国矿业大学，2016.

[28] 李慧敏 . 基于模糊评判理论对长春市综合公园的景观评价 [D]. 长春：吉林农业大学，2012.

[29] 陈凯 . 基于虚拟现实技术的街道景观评价体系研究 [D]. 福州：福建农林大学，2017.

[30] 王竞红 . 园林植物景观评价体系的研究 [D]. 哈尔滨：东北林业大学，2008.

[31] 王晓俊 . 风景资源管理和视觉影响评估方法初探 [J]. 南京林业大学学报（自然科学版），1992(3)：70-76.

[32] 安振华 . 旅游公路景观评价研究 [D]. 西安：长安大学，2009.

[33] 王云 . 风景区公路景观美学评价与环境保护设计 [D]. 成都：中国科学院研究生院（成都山地灾害与环境研究所），2007.

[34] 黄宝涛，刘鼎，袁鑫，等 . 基于使用者角度的高速公路景观定量评价依据分析 [J]. 公路，2013（9）：229-232.

[35] 张霞，赵玮丹，江文萍，等 . 基于网络热度的道路景观评价与最美路径推荐 [J]. 同济大学学报（自然科学版），2016，44（3）：383-388.

[36] 秦晓春 . 公路景观评价的感知理论与方法研究 [D]. 广州：华南理工大学，2008.

[37] 黄江波 . 高速公路景观生态综合体系研究 [D]. 武汉：华中科技大学，2007.

[38] 符蕾 . 基于熵权法的旅游公路景观评价体系研究 [D]. 重庆：重庆交通大学，2014.

[39] 王子赓 . 基于三维仿真模拟的公路景观评价 [D]. 西安：长安大学，2011.

[40] 许大为 . 寒区高等级公路生态恢复模式与景观评价研究 [D]. 哈尔滨：东

北林业大学, 2013.

[41] 彭科. 基于层次分析法的城市道路景观评价研究——以成都市道路为例 [D]. 成都: 四川农业大学, 2014.

[42] 张阳, 董小林. 公路景观及视觉影响评价方法研究 [J]. 长安大学学报（自然科学版）, 1999, 19(4): 65-67.

[43] 袁卫宁, 任征. 高等级公路环境影响综合评价 [J]. 长安大学学报（自然科学版）, 1999（S1）: 22-25.

[44] 陈雨人, 朱照宏. 道路环境影响评价指标体系的研究 [J]. 同济大学学报（自然科学版）, 1997（6）: 640-644.

[45] 关宝树. 隧道工程设计要点集 [M]. 北京: 人民交通出版社, 2003.

[46] 关向群. 隧道洞口景观设计实用方法的研究 [D]. 成都: 西南交通大学, 2004.

[47] 贾玲利, 赵东平. 隧道洞口景观现状及发展趋势研究 [J]. 土木工程学报, 2008, 41（1）: 88-92.

[48] 刘飞. 基于环境保护的隧道洞门选型研究 [D]. 重庆: 重庆交通大学, 2010.

[49] 王云鹏, 杨志发, 李世武, 等. 交通环境对道路安全影响的定量评价 [J]. 吉林大学学报（工学版）, 2006, 36（1）: 119-122.

[50] 李世武, 杨志发, 王云鹏, 等. 高等级公路路侧景观对交通安全影响的综合评价方法 [J]. 吉林大学学报（工学版）, 2007, 37（4）: 777-781.

[51] 马勇, 石涌泉, 付锐, 等. 驾驶人分心时长对车道偏离影响的实车试验 [J]. 吉林大学学报（工学版）, 2015, 45（4）: 1095-1101.

[52] 段萌萌, 李建元, 尚婷, 等. 山区高速公路边坡景观安全协调度评价 [J]. 重庆交通大学学报（自然科学版）, 2013, 32（6）: 1242-1246.

[53] 乔建刚, 任鸿儒, 周彤. 基于驾驶员心生理反应的旅游区道路景观评价模型研究 [J]. 重庆交通大学学报（自然科学版）, 2017, 36（10）: 97-101.

[54] 胡江碧, 李然, 马勇. 高速公路隧道入口段照明安全阈值评价方法 [J]. 中

国公路学报，2014，27（3）：92-99.

[55] 杜志刚，潘晓东，郭雪斌 . 公路隧道进出口行车安全的视觉适应指标 [J]. 华南理工大学学报（自然科学版），2007，35（7）：15-19.

[56] 杜志刚，潘晓东，郭雪斌 . 高速公路隧道进出口视觉适应实验 [J]. 哈尔滨工业大学学报，2007，39（12）：1998-2001.

[57] 杜志刚，潘晓东，郭雪斌 . 公路隧道进出口行车安全评价指标应用研究 [J]. 同济大学学报（自然科学版），2008，36（3）：325-329.

[58] 崔健，赵建有 . 驾驶分心对隧道段行车安全影响分析 [J]. 安全与环境学报，2016（6）：174-178.

[59] 陈芳 . 公路视觉环境对行车安全的影响 [D]. 重庆：重庆交通大学，2009.

[60] 陶盼盼，尚婷 . 基于心率指标的隧道洞口景观色彩分析 [J]. 解放军理工大学学报（自然科学版），2015（5）：471-475.

[61] 陶盼盼，尚婷，张恒 . 高速公路隧道洞口景观色彩对驾驶员心率的影响 [J]. 科学技术与工程，2015，15（14）：219-223.

[62] 公伟，武慧兰 . 景观设计基础与原理 [M]. 北京：中国水利水电出版社，2011.

[63] 俞孔坚 . 论景观概念及其研究的发展 [J]. 北京林业大学学报，1987（4）：433-439.

[64] 杜玲玲 . 高速公路三维虚拟景观设计方法研究 [D]. 重庆：重庆交通大学，2013.

[65] NAVEH Z, LIEBERMAN A S. Landscape ecology[M]. Berlin:Springer, 1984.

[66] HARD G. Handbuch für landschaftspflege und naturschutz schutz, pflege und entwicklung unserer wirtschafts- und erholungslandschaften auf ökologischer grundlage by konrad buchwald, wolfgang engelhardt[J]. Erdkunde, 1973(1):78-79.

[67] 中华人民共和国交通运输部 . 公路隧道设计规范　第一册　土建工程：

JTG 3370.1—2018[S]. 北京：人民交通出版社股份有限公司，2019.

[68] 刘小兵. 隧道洞口边仰坡稳定性影响因素的综合性评价 [J]. 铁道工程学报，2002，19（1）：38-41.

[69] 黎明. 高速公路隧道洞口景观艺术设计研究 [D]. 昆明：昆明理工大学，2008.

[70] CAO C B, WANG J H, LUO Y M. Driving simulator validation for research on driving behavior at entrance of urban underground road[C]//Proceedings of International Conference on Transportation Information & Safety, 2015.

[71] 高颖，郭淑霞. 虚拟现实视景仿真技术 [M]. 西安：西北工业大学出版社，2014.

[72] 薛庆文，辛允东. 虚拟现实 VRML 程序设计与实例 [M]. 北京：清华大学出版社，2012.

[73] 石琳，郭宇承，谷学静. 智能虚拟环境中的人工情感研究 [M]. 武汉：武汉大学出版社，2015.

[74] 汪应洛. 系统工程 [M]. 北京：机械工业出版社，2016.

[75] 邓聚陇. 灰预测与灰决策 [M]. 武汉：华中科技大学出版社，2000.

[76] 刘新宪，朱道立. 选择与判断——AHP（层次分析法）决策 [M]. 上海：上海科学普及出版社，1990.

[77] 杨纶标，高英仪，凌卫新. 模糊数学原理及应用 [M]. 5 版. 广州：华南理工大学出版社，2011.

[78] KLAUER S G, DINGUS T A, NEALE V L, et al. The impact of driver inattention on near-crash/crash risk: an analysis using the 100-car naturalistic driving study data[R]. National Highway Traffic Safety Administration, Department of Transportation, the United States, 2006.

[79] FRANK S, FÜRST C, KOSCHKE L, et al. Assessment of landscape aesthetics——validation of a landscape metrics-based assessment by visual estimation of the scenic beauty[J]. Ecological Indicators, 2013, 32: 222-231.

[80] VODAK M C, ROBERTS P L, WELLMAN J D, et al. Scenic impacts of eastern hardwood management[J]. Forest Science, 1985, 31(31):289-301.

[81] JENSEN F S. Landscape managers' and politicians' perception of the forest and landscape preferences of the population[J]. Forest & Landscape Research, 1993, 1(1):79-93.

[82] 林葳，喻来，陈舒静，等 . 基于 SBE 法的成都市人工湿地公园植物景观评价 [J]. 四川大学学报（自然科学版），2015（3）：697-702.

[83] SCHROEDER H, DANIEL T C. Progress in predicting the perceived scenic beauty of forest landscapes[J]. Forest Science, 1981, 27(1):71-80.

[84] 滕海英，祝国强，黄平，等 . 正交试验设计实例分析 [J]. 药学服务与研究，2008，8（1）：75-76.

[85] 窦远明，王建宁，田贵州，等 . 软弱土质相似材料配比的正交试验研究 [J]. 重庆交通大学学报（自然科学版），2018，37（4）：65-71.

[86] 汪荣鑫 . 数理统计 [M]. 西安：西安交通大学出版社，2014.

[87] 刘东旗 . 不同隧道路段驾驶员眼动特征研究 [D]. 西安：长安大学，2017.

[88] 田晶晶，李世武，孙文财，等 . 高速公路隧道环境对驾驶人视觉特性的影响 [J]. 长安大学学报（自然科学版），2015（S1）：216-221.

[89] 胡英奎 . 驾车接近隧道过程中驾驶员瞳孔大小变化规律 [J]. 土木建筑与环境工程，2015（6）：106-113.

[90] 孙婷婷 . 隧道入口驾驶员视觉特性与景观营造技术研究 [D]. 重庆：重庆交通大学，2017.

[91] 苑郁林 . 以驾驶人的心理和生理特性探讨山区高速公路隧道洞口的景观设计 [J]. 现代隧道技术，2014，51（3）：30-34.

[92] WEN X B, YE F, SU E J, et al. Color design method for tunnel wall-type portals considering harmonization with time varying environments: a study of driving simulation[J]. Tunnelling and Underground Space Technology, 2024,

147: 105671.

[93] WEN X B, YE F, SU E J, et al. How do different seasonal environmental colors of highway tunnel entrances and dominant colors of portal walls affect the driver's vehicle control ability?[J]. Tunnelling and Underground Space Technology, 2024, 153: 105983.

[94] 叶飞, 刘佳, 温小宝, 等. 考虑环境色彩协调的隧道墙式洞门色彩设计方法 [J]. 同济大学学报 (自然科学版), 2023, 51（9）: 1317-1323.

[95] YE F, SU E J, WEI Y C, et al. Investigation of esthetic evaluation and its influencing factors for a tunnel portal based on dynamic vision[J]. Plos one, 2020, 15(9): e0238762.

[96] 叶飞, 应凯臣, 苏恩杰, 等. 基于眼动指标的公路隧道洞口景观设计舒适性及安全性评价 [J]. 同济大学学报 (自然科学版), 2021, 49（2）: 218-226.

[97] 叶飞, 苏恩杰, 梁晓明, 等. 公路隧道景观设计现状和思考 [J]. 中国公路学报, 2022, 35（1）: 23-37.

[98] 刘佳, 何乔, 苏恩杰, 等. 公路隧道洞口景观构景元素分析 [J]. 同济大学学报 (自然科学版), 2023, 51（4）: 485-494.

[99] 叶飞, 温小宝, 翁效林, 等. 公路隧道入口彩色路面设计现状与分析 [J]. 同济大学学报 (自然科学版), 2023, 51（4）: 473-484.

[100] YE F, YING K C, LIANG X M, et al. Vault design of highway tunnels based on the driver's physiological characteristics[J]. Journal of Asian Architecture and Building Engineering, 2021, 21(3): 839-848.

[101] 叶飞, 张兴冰, 苏恩杰, 等. 基于驾驶舒适性的公路隧道侧壁装饰研究 [J]. 现代隧道技术, 2022, 59（4）: 196-203.

[102] SU E J, ZHANG X B, WEN X B, et al. Visual characteristics of drivers in different directions and lengths of gradual landscape zones in extra-long

highway tunnels[J]. Tunnelling and Underground Space Technology, 2023, 137: 105136.

[103] 叶飞，温小宝，张兴冰，等 . 渐变设计在缓解隧道景观带视觉突变问题中的贡献 [J]. 中国公路学报，2023，36（11）：375-385.